幼児期の教育と小学校教育をつなぐ

幼保小の「架け橋プログラム」実践のためのガイド

湯川秀樹・山下文一 監修

文科省「架け橋プログラム」に準拠したチェックリスト付き

ミネルヴァ書房

はじめに

元 文部科学省 初等中等教育局 視学官　湯川秀樹

乳幼児期の教育と小学校教育のつながりは、幼稚園などの幼児期の教育施設等が登場して以降、各国において重要な教育課題の一つとして認識されてきました。日本においても、幼稚園創設以来140年余り、教育課題であり続けています。

平成18（2006）年にいわゆる認定こども園法が制定され、「幼稚園教育要領」「保育所保育指針」「幼保連携型認定こども園教育・保育要領」「小学校学習指導要領」等において円滑な接続を図ることが示されて以降、国や地方自治体等で幼小連携・接続に係る提言や研究の報告がなされ、それらを踏まえた本格的な試みが各地域で数多く見受けられるようになっています。最近では、架け橋プログラム策定の検討を受けて、幼小の円滑な接続が促進されるものと期待されています。

幼小連携・接続では、これまで幼稚園・保育所等において、子どもをどのように捉え、子どもの思いをいかに理解し、どう育ててきたか、どう育ったかを見定め、それらをどう次の発達の段階につなげていくのか、実践を振り返りながら考えています。そして、小学校ではそれをどう見極めて受け入れていくのか、すなわち、幼児と保育者の思いを小学校教員が受け止めた実践が行われています。このように、各地域において実効性のある幼小連携・接続を目指した実践が取り組まれています。

自校園においても、そうした各地域の実践、配慮や工夫などを可能な限り共有しながら、各地域の実践の現状を認識することが大切です。本書は、子どもと生活を共にしてきた保育者の思いを小学校教員や学校関係者につなげ、また、つながっていくような連携・接続の在り方を構想し、実践していく一助となることを願って、企画しました。

本書の執筆に際しては、実際に幼小連携・接続の試みに関わり、その実践を十分理解している実践者・行政関係者に現状を取りまとめ、情報として提供していただくことに重点を置きました。

わたくしたち大人がつくった制度に弊害があるとすれば、大人の責任において、一人一人の子どもの幸せのために解決を図らなければなりません。

今を生きる子どもを見つめながら、実現すべき指標を掲げ、実践する保育者や関係者の熱い思いを受け止め、皆さんの実践につなげていきたいと思っています。本書を活用し、皆さんの発想、配慮や工夫を生かした実践を期待しております。

目次

第3章　幼児期の教育と小学校教育の接続の実際～全国の実践事例～

第１章

「架け橋プログラム」と
これからの幼小接続

架け橋を創る

幼保小の接続は古くて新しい、そしてとても重要な課題です。ここでは、現在抱えている課題を整理した上で、「幼保小の架け橋プログラム」始動の経緯や、それを進める上で大切にしてほしい視点について述べます。

國學院大學
子ども支援学科　教授
鈴木みゆき

教育課程の接続を図る

平成30年の三法令（幼稚園教育要領、保育所保育指針、幼保連携型認定こども園教育・保育要領）の改訂（定）は画期的でした。管轄が違う3施設を、「就学前の子どもが通う教育施設」として位置づけ、それまで以上の連携を図りました。また、幼児教育を「幼児が生活するすべての場において行われる教育の総称[*1]」とし、家庭や地域の教育も含め、「幼児期の教育」としました。同時にこの改訂（定）では、多様な幼児教育の施設から、小学校・中学校の義務教育に進んでいく教育課程を意識し、小学校教育がゼロからのスタートではなく、「幼児期の終わりまでに育ってほしい姿」を手がかりに、0歳から18歳までを見通し、学びの連続性を配慮した接続を目指すことになったのです。

一方、中央教育審議会では令和3年1月に、「令和の日本型学校教育」の答申をまとめ、2020年代を通して「個別最適な学び」と「協働的な学び」とを一体的に充実させた質の高い学びをつくっていこうとしています。だからこそ、各学校間の節目は大切で、円滑な接続の体制をつくることで、次の学びへ生き生きと進んでほしいのです。

こうした思いを受けて、令和3年5月に、文部科学大臣より「幼児教育スタートプラン」のイメージが公表され、「幼児教育と小学校教育の架け橋特別委員会（以下、架け橋委員会）」が中教審初中局分科会のもとに設置されたわけです。

幼保小接続をめぐる課題

幼児期の教育が、「生涯にわたる人格形成の基礎を培う重要な時期である（教育基本法第11条）」という認識をどれだけの方が理解しているでしょう。まして、その基礎を培うための教育の「質」に関しては、研究が十分行われてきたとはいえず、社会一般の認識も残念ながら不十分だと思います。時として、小学校教育の前倒しが行われたり、遊びと称して訓練めいたものがあったり、幼児期の教育を担う施設もさまざまです。

そこで、幼保小接続を考える上で、現在抱えている3つの課題について整理しておきます。

一つ目は、幼児教育の「質」について、多くの人や機関の認識を今後どのように共有していけるか、という課題です。幼稚園・保育所・こども園を中心とする幼児期の教育を担う施設が、しっかり連携をし、園内研修や公開保育などを組み込みながら、より一層の「質」の向上を図ることが必要になります。

2つ目は、「遊びを通した総合的な指導」のもと、遊ぶ中で学んでいく幼児の姿を、家庭、地域はもちろんのこと、小学校においてもきちんと認識していけるか、という課題です。特に小学校の教員の中には、遊び=休み時間、息抜きの時間と認識している人も少なくありません。幼児が主体的に遊ぶ姿が探究的な学びにつながっていくことへの理解を得られなければ、いつまでも「〜させる」という発想で教科指導を行う教育になってしまいます。学ぶ主体は子どもであり、育つ主体は子どもなのです。

文部科学省の資料では、幼保小接続に課題を感じている幼児教育関係者は7〜9割にのぼるといわれています。給食や行事の交流に留まり、明確なスタートカリキュラムは策定していないという地域が多いのが現状です。先述したように、0歳から18歳までを見越した接続を考慮した教育課程を考えていくべきであり、幼保小の接続も『幼児期の終わりまでに育ってほしい姿』を実践にどう生かしていくか」という意識のもとに行われるはずではあるのですが、残念ながらこれも研究途上にあるといえます。

3つ目は、自治体の幼児教育推進体制の確立と、幼児教育アドバイザーの資質向上についての課題です。幼児教育アドバイザーの存在はとても貴重で、その普及は必須です。一方で、小学校との接続の視点や継続性、教育の「質」に関わる助言内容等には、自治体の研修体制や個人によりバラツキがあると指摘されています。幼児教育の「質」を保障し、接続を進めるためには、自治体の幼児教育推進体制の確立と幼児教育アドバイザーの資質向上が鍵となります。

多様化、複雑化する社会において、教育を受ける機会が十分ではない家庭層が存在する事実を重く受け止め、各自治体は、教育委員会や福祉部などさまざまな部署との連携を図り、家庭への支援をする必要があります。

「幼保小の架け橋プログラム」の始動

こうした課題を踏まえ、「社会に開かれたカリキュラム」の実現に向け、架け橋委員会では、5歳児から小学1年生の2年間（いわゆる「架け橋期」）を想定し、すべての子どもに学びや生活の基盤を育む「幼保小の架け橋プログラム」を実施していく方向を打ち出しました。

幼保小が協働し、「幼児期の終わりまでに育ってほしい姿」を手掛かりとしながら、教育課程や指導計画を具体化できるように策定し、幼保小連携のもとに、それを評価し改善して発展させていくようにします。こうした取組の中で、園と小学校の管理者のみならず、教員等が子どもの育ちを中心においた話し合いをすることで、相互理解や協調が生まれ、実践力を高めていけると思います。

その際、関係者で共有してほしいのは、「幼児期の終わりまでに育ってほしい姿」は、「子どもに資質・能力が育まれていく過程で見られる生活の姿を総合的に示したもの」であり、教員が一人ひとりの子どもの様子を見極め、子どもの実態に沿って主体的・対話的で深い学びの充実を図れるようにするために必要な手掛かりとして生かすことができるものであるという視点です。「幼児期の終わりまでに育ってほしい姿」は、架け橋期はもちろんのこと、その前後においても、学びのプロセスの基盤になります。また、子どもは周囲の環境に自ら関わりさまざまなことを学ぶ存在なので、教員を始めとする大人たちは、子どもの思いや願いを踏まえた上で、その学びや生活を豊かにしていってほしいのです。

　これらを踏まえ、文科省では、「幼保小の架け橋プログラムの実施に向けての手引き（初版）」と参考資料（初版）を作成し[*2]、モデル地域での実践を推進していくことになりました。

　具体的には、各地域において、幼稚園、保育所、認定こども園、小学校、教育委員会、子育て担当部局、教員等の養成や研修（管理職を含む）に関わる大学や専門学校、幼保小の関係団体、保護者や地域の関係者、有識者、架け橋期のコーディネーター等から構成される架け橋期のカリキュラム開発会議を構成し、手引きや参考資料を活用しつつ、地域内の園・小学校において、架け橋期のカリキュラムを踏まえた教育課程編成・指導計画作成を実施します。開発する内容は、各園・小学校における教育課程編成・指導計画作成の前提となる架け橋期のカリキュラム（架け橋期にふさわしい活動の在り方、「幼児期の終わりまでに育ってほしい姿」を踏まえた教育方法の改善等）です。

　現状では、これらを進めるために、４つのフェーズ（①基盤づくり、②検討・開発、③実施・検証、④改善・発展サイクルの定着）に分け、それぞれに対応して、先のカリキュラム開発会議や園や小学校の取組・体制、自治体の支援等を組み込んでいけるようにしてあります（図参照）。カリキュラムには、①期待する子ども像、②遊びや学びのプロセス、③園の活動／小学校の単元構成等、④指導上の配慮事項、⑤子どもの交流、⑥家庭や地域との連携を共通の視点として取り入れ、すべての子どものウェルビーイングを保障するカリキュラムをつくることを目指しています。

　幼保小の接続は古くて新しい、そしてとても重要な課題です。平成30年改訂（定）の三法令および「小学校学習指導要領」には、「幼児期の終わりまでに育ってほしい姿」が書かれており、接続を図る手がかりとなりました。子どもを取り巻く関係者が協働し、架け橋カリキュラムをつくることは、画期的な第一歩であり、同時に幼児期の教育の質の保障と専門性の向上を目指す大きな転換期になるといえるでしょう。

＊1
中央教育審議会答申「子どもを取り巻く環境の変化を踏まえた今後の幼児教育の在り方について―子どもの最善の利益のために幼児教育を考える―」平成17年1月

＊2
文部科学省「幼児教育と小学校教育の架け橋特別委員会」会議資料より抜粋
幼児教育と小学校教育の架け橋特別委員会：文部科学省（mext.go.jp）２０２２年5月20日取得

図　架け橋期カリキュラム開発のための４つのフェーズ

			1年目		2年目	3年目
			フェーズ 1 基盤づくり	**フェーズ 2** 検討・開発	**フェーズ 3** 実施・検証	**フェーズ 4** 改善・発展サイクルの定着
架け橋期のカリキュラム	開発会議	方針	○架け橋期のカリキュラム開発会議における準備	○架け橋期のカリキュラム開発会議における検討・開発	○架け橋期のカリキュラム開発会議による実施の検証	○持続的・発展的な架け橋期のカリキュラム開発会議の運営
架け橋期のカリキュラム	園・小学校	具体化	○接続を見通し、各園・小学校で教育課程編成・指導計画作成	○架け橋期のカリキュラムの検討・開発	○架け橋期のカリキュラムの実施・検証	○持続的・発展的な架け橋期のカリキュラム
実施に必要なこと	園・小学校		○各園・小学校での体制	○幼保小間の体制	○幼保小の協働実施の体制	○持続可能な体制
実施に必要なこと	自治体	支援	○連携強化への支援	○接続に向けた支援	○幼保小の協働実施の支援	○持続的・発展的な取組を支える支援の定着

注：基盤づくりから改善・発展サイクルの定着に至るまでのプロセスの目安。実際には、地域の実態に応じ、各フェーズ間を行きつ戻りつしながら発展していく。
出典：文部科学省「幼保小の架け橋プログラムの実施に向けての手引き（初版）」をもとに作成

「幼保小の架け橋プログラム」の実施に向けて

いわゆる「架け橋期」の学びの充実にはどのような体制整備が必要なのでしょうか。ここでは「幼児教育と小学校教育の架け橋特別委員会」における審議経過報告をもとに解説していきます。

元 内閣府子ども・子育て本部
教育・保育専門職
島倉千絵

1 はじめに

幼児期の教育は、生涯にわたる人格形成の基礎を培う重要なものであり、この時期に質の高い教育が提供されていくことが極めて重要です。

文部科学省では、「令和の日本型学校教育」の構築を目指して、2020年代を通じて実現すべき教育の姿を示し、多様な子どもたちを誰一人取り残すことなく育成し、多様な個性を最大限に生かすため、1人1台の端末の整備や35人学級の計画的な整備等、「個別最適な学び」と「協働的な学び」との一体的な実現による、質の高い学びの実現に向けた取組が進められています。

幼児期の教育は、義務教育や高等教育とは異なり、幼稚園、保育所、認定こども園（以下、幼児教育施設）といった複数の施設類型があります。

これらの幼児教育施設の施設類型を問わず、また、地域や家庭の環境に関わらず、すべての子どもが格差なく、質の高い学びへ接続できるようにしていくことに配慮が必要です。

その中でも、幼児期の教育と、小学校以降の教育とを円滑につないでいくためには、「子どもの成長を中心に据えて考える」という前提のもと、幼児期に教育を提供する幼児教育施設の施設類型や学校種等、各関係者の分野を越えた連携が必要であり、幼児期の教育の質的向上とともに、小学校教育との円滑な接続、接続期の充実を図っていくことが必要です。

平成30年に同時改訂（定）された幼稚園教育要領、幼保連携型認定こども園教育・保育要領、保育所保育指針（以下、三法令）や、小学校学習指導要領では、持続可能な社会の創り手として必要な資質・能力の育成や「幼児期の終わりまでに育ってほしい姿」の明確化等、子どもの成長を支える手がかりとなるものが共通に整理されました。

しかし、「多くの園が私立となっている幼児教育施設と、小学校以降の教育との連携・接続における困難さ」や「幼児期の終わりまでに育ってほしい姿」の確実な理解と取扱いがされているとは言い難い等、子どもをめぐる現状の違いを越えて、具体化していくためには、課題も多く見られています。

こうしたことを踏まえ、文部科学省においては、幼児期の教育の質的向上及び小学校との円滑な接続について専門的な審議を行うため、「幼児教育と小学校教育の架け橋特別委員会」（以下、架け橋委員会）が設置され、すべての子どもに学びや生活の基盤を保障するための方策や、各地域において着実に推進するための体制整備等を中心に検討が進められています。

その内容について、「幼保小の架け橋プログラム」の共通事項等の整理を中心に、幼児教育と小学校教育の接続における現状や子どもに関わる多くの関係者が立場を越えて連携し、すべての子どもの学びや生活の質を確保・向上するためにすべきこと等について考えるきっかけとなるよう、令和4年4月に公表された審議経過報告をもとに、まとめ、示していきます。

2 架け橋委員会の背景

①幼児教育と小学校教育との円滑な接続の重視について

平成30年に改訂された幼稚園教育要領では、「よりよい学校教育を通じてよりよい社会を創る」という目標を学校と社会が共有し、連携・協働しながら、新しい時代に求められる資質・能力を子どもたちに育む「社会に開かれた教育課程」の実現を目指し、育成を目指す資質・能力の明確化、「主体的・対話的で深い学び」の実現に向けた実践の改善等が示されています。

また、保育所、認定こども園においても、教育に関わるねらい及び内容に関して三法令の更なる整合性を図るとともに、「知識及び技能の基礎」「思考力、判断力、表現力等の基礎」「学びに向かう人間性等」が資質・能力として示されました。

そして、これらの資質・能力が、5領域におけるねらい及び内容に基づいて展開される活動全体を通して育まれ、幼児期の終わり頃に現れる具体的な姿として「幼児期の終わりまでに育ってほしい姿」として明確化されました。

また、小学校学習指導要領においては、幼児期の終わりから小学校教育に円滑に移行できるよう、各教科等の指導において「幼児期の終わりまでに育ってほしい姿」との関連を考慮することが求められています。

特に、小学校の入学当初においては、「スタートカリキュラム」の編成・実施に関わる規定が位置付けられ、幼児期において育まれてきたことが、各教科等における学習に円滑に接続されるよう、指導の工夫や指導計画の作成を行うこと等について示されています。

これまで、交流行事や合同研修など、子ども同士や教職員同士の交流・相互理解を促す取組や発達段階に応じた教育の特質について理解を促す工夫等、幼児教育施設と小学校の学びや生活をつなぐために、一人ひとりの学びや生活の過程で考えられる困難さと指導上の工夫の共有等が取り組まれてきました。

さらに、園内・校内研修を通じた指導改善、各自治体の指導主事やアドバイザーによる巡回指導等、国や大学等研究機関等とも連携した、実践と理論の往還等も取り組まれてきました。

②幼児教育・保育の無償化と質の向上の必要性

わが国の出生数の減少は予測を上回る速度で進行しています。そのような状況の中、令和元年10月から、実現されている幼児教育・保育の無償化の趣旨としては、次の2点が示され、負担軽減である幼児教育・保育の無償化の着実な実施とともに、質的な充実も支援していく必要があるとされています。

・幼児教育の無償化をはじめとする負担軽減措置を講じることは、重要な少子化対策の一つであること

・認知能力だけではなく、根気強さ、注意深さ、意欲などの非認知能力等を身につけるためにも幼児期の教育が特に重要であり、幼児教育・保育の質の向上も不可欠であること

③感染症による学びや生活への影響、デジタル化の対応

現在、各園・学校では、新型コロナウイルス感染症対策を講じながら、子どもの成長を支えるため日々の活動に取り組んでいます。人々の働き方や生活様式が大きく変化する中にあって、子どもの遊びにも影響が及んでおり、家庭生活においては、外遊びが減り、室内での遊びや動画の視聴等が多くなっているともいわれています。

実践の現場では、園と小学校との対面での交流が困難になっている現状から、オンラインを活用しての交流が実施できるような工夫が必要となる状況もありました。

これらを契機として、研修や参観・対話等、家庭との連携においてのICT環境整備の必要性も高まっています。あわせて、主体的・対話的で深い学びを実現し、小学校以降の学びや生活の基盤を育成するため、幼児期の生活に即した直接的・具体的な体験を通したICTの活用が、子どもたちの体験を豊かにするということもいわれてきています。

子どもの学びや生活が受けた影響やデジタル化などの動向を踏まえ、自治体のリーダーシップのもと、園・小学校ではどのような指導や関わり方の工夫が期待されるかについて考えていく必要性が問われているといえます。

④特別な配慮を必要とする子供への対応

特別な配慮を必要とする子どもたちも園・小学校の一員であり、集団の中で生活をすることを通して全体的な発達を促していきます。そのことを基本としつつも、一人ひとりの状態等に応じたきめ細やかな指導や、一貫した的確な教育的支援を行うためには、家庭や関係機関と連携した「支援のための計画」を個別に作成し小学校に引き継ぐ等、着実な指導の充実を図る必要があります。

特別な配慮が必要な子どもたちが、園や小学校の生活に親しんでいくために、指導や体制の充実、園と小学校の連携の体制づくり等を図るとともに、多様性を受容し生かし合う園・学校づくりを推進することが必要です。障害の有無や国籍等に関わらず、共に学び生活することが、多様性の中での共生社会の担い手や、持続可能な社会の作り手の育成にもつながっていくでしょう。

3 連携・接続についての課題

ここからは、幼児教育と小学校教育における連携・接続についての課題を、審議経過報告の内容を要約し、示します。

①幼児教育の質に関する社会や小学校等との認識の共有

○幼児教育の質を支えるものとして、幼児教育施設、家庭、地域があり、連携協力により各機能が向上する。

○一方で、幼児教育の質に関する認識が社会的に共有されているとは言い難く、いわゆる早期教育や小学校教育の前倒しと誤解されることがある。また、遊びを通じて学ぶという幼児期の特性を踏まえた教育がその後の教育の基礎を培っていることや、発達の連続性の重要性に関する理解が必ずしも十分ではない現

状がある。
○幼児期は、遊びを中心として、頭も心も体も動かして、主体的に、さまざまな対象と直接関わりながら、総合的に学んでいく。遊びを通して思考を巡らし、想像力を発揮し、自分の体を使って、友達と共有したり、協力したりして、さまざまなことを学んでいく。改めて、遊びを通じて学ぶという幼児期の特性を再確認すべきである。このような幼児期の特性は、普遍的に重視すべき視点であり、社会の変化にともない、今まで以上に重要になってきている。また、子どもを主体とした学習環境のデザインが今まで以上に重視される小学校以降の教育現場に大きな示唆を与えるものである。こうした視点での情報発信をすることが大切であり、小学校側の意識の向上に向けた情報発信も必要である。
○見えにくいと言われる幼児期の教育の質の意義や価値が、どの程度理解されているのか、遊びを通した学びがなぜ重要なのか、園の教職員が、どのような環境の構成や子どもへの関わり方の工夫を行っているのか等について、小学校や家庭・地域に伝え、認識を共有し、意識を高めていくことが重要である。

②0～18歳までを見通した学びの連続性に配慮しつつ、幼保小の接続期の教育の質を確保するための手立ての不足

○幼保小の連携については、これまでも三法令の整合性を確保するとともに、幼保小の接続期の連携の手掛かりとして「幼児期の終わりまでに育ってほしい姿」を示している。また、小学校との連携の取組を行っている園が約9割にのぼるなど、取組が進展している。
○一方で、次のような課題があり、幼保小の接続期の学びや生活の基盤の育成に大きな影響を与えている。
・幼児教育施設の7～9割が小学校との連携に課題意識をもち、各園・小学校における連携の必要性に関する意識の差がある
・半数以上の園が行事の交流等にとどまり、資質・能力をつなぐカリキュラムの編成・実施が行われていない
・「幼児期の終わりまでに育ってほしい姿」が到達目標と誤解され、連携の手がかりとして十分機能していない
・スタートカリキュラムとアプローチカリキュラムがバラバラに策定され、理念が共通していない
・「幼児期の終わりまでに育ってほしい姿」だけでは、具体的なカリキュラムの工夫や教育方法の改善方法がわからない
・小学校側の取組が、教育方法の改善に踏み込まず学校探検等にとどまるケースが多い
・施設類型の違いを越えた共通性が見えにくい
・教育の質に関するデータに基づき幼児期・接続期の教育の質の保障を図っていくための基盤が弱い
○0～18歳まで見通した学びの連続性に配慮しつつ、幼保小の接続期の教育の質を確保するための手立てが不足している状況である。
○地域や家庭の環境に関わらず、すべての子どもに格差なく学びや生活の基盤を保障していくためには、学校種や施設類型の違いを越えて連携・協働し、質の高い教育の実現に取り組んでいく必要がある。そのためには、幼児期に育まれた力が小学校教育にどのようにつながっているのか、関係者がイメージを共有し、実践できるようにする必要がある。学びや生活の基盤を育むため、園がどのような工夫をしていくかの理解を広げていく必要がある。

③格差なく学びや生活の基盤を育むことの重要性と多様性への配慮

○子どもの発達の道筋は大筋で

みれば共通だが、個々に目を向ければ異なり、また、家庭環境や生活経験は異なる。特別な配慮が必要な幼児はもとより、一人ひとりの特性と乳児期の経験を踏まえた指導が必要である。

○多様な子どもが安心して過ごせる関わり、環境が必要であり、教育の質の課題が、幼児の特性に起因しているとされることがないよう留意すべきである。

○「幼児教育スタートプラン」のスタートは、一斉スタートではなく、子どもの発達に多様性があることを踏まえる必要がある。

④教育の質を保障するために必要な体制等

○複数の施設類型が存在し、私立が多い幼児教育の現場において、公私・施設類型を問わず、人材の専門性の向上や幼保小の接続等の取組を一体的に推進する体制を各自治体で充実させることが必要である。連携から更に踏み込んで、0～18歳までの発達・成長を、責任をもって支える仕組みづくりが重要である。

○子どもを取り巻く多様な地域の課題に的確に対応するため、自治体において、保健・福祉等の専門職をはじめとした人的体制の充実や連携の強化を一層図る必要がある。

○従来の自治体における幼児教育推進体制の成果としては、たとえば、幼保小接続の機運醸成（幼保小の行き来増加、幼保小の情報共有促進、幼保小連携会議の設置等）や幼児教育アドバイザーの配置による、幼保小への助言・指導機会の充実といったものがある。

○一方で、次のような課題がある。

・幼保小接続に関する内容面の資料が少なく、現場への支援も幼児教育アドバイザーや指導主事の経験に拠るところが大きく、幼保小接続を含め、アドバイスの質のばらつきや指導内容の継続性

・幼児教育アドバイザーや指導主事の経歴等により、学校園種の理解度に差が出ざるを得ず、学校園種の特徴に合ったアドバイス

・幼児教育推進体制が整備され、責任ある体制で進められている自治体がある一方、関係部署が複数の部局にまたがっている場合が多い行政分野であり、依然として自治体内の取組を推進するための体制が不明瞭な場合もあるなど自治体間の温度差

⑤教育の機会が十分に確保されていない子どもや家庭への支援

○教育の質以前の課題として、通園・通学していない子どもがいるなど、教育の機会へのアクセスが十分ではない家庭もある。自分が育てられてきた環境とわが子を育てる環境の違い、核家族化による子育て応援者の不足、地域とのつながりの希薄さにより、親世代が苦しんでいる。社会全体で子どもや家庭を支援する必要がある。

○教育と福祉の垣根を越え、支援を必要とする子どもや家庭、先生などを、専門家や関係機関と連携し、総合的・継続的に支援する必要がある。その際、園・学校がネットワークの中でどのような役割を期待されているか、共通認識が必要である。

○特別な配慮が必要な子ども（障害のある子ども、外国人の子ども等）への対応も必要である。

○幼児教育や小学校教育等に携わる者が、支援のための具体的なデータや事例をもとに共通理解を図り、関係機関と連携した取組につなげる必要がある。

4 目指す方向性

これらの課題を踏まえ、幼児教育スタートプランで目指す方向性については、次の5つの視点が示されています。

①「社会に開かれたカリキュラム」の実現に向けた質に関する認識の共有

○よりよい教育を通じてよりよい社会を創るという目標を社会と共有し、連携・協働しながら、新しい時代に求められる資質・能力を子どもたちに育む「社会に開かれたカリキュラム」の実現を目指し、園・小学校、家庭、地域の関係者が三法令や小学校学習指導要領を幅広く共有して、すべての子どもの学びや生活の基礎の育成に向けて取り組んでいく。

○このような「社会に開かれたカリキュラム」の実現の観点からも、園と小学校以降のカリキュラムとを連携・接続することで、幼児教育のカリキュラム自体が社会とつながり開かれたものとする必要性について、認識を共有し、幼保小接続の取組を推進する。

○特に、見えにくい幼児教育の質の意義や価値を共有するため、幼児教育や小学校教育、子どもの発達等に関する知見の集大成である「幼児期の終わりまでに育ってほしい姿」を手がかりに、小学校関係者はもとより、家庭をはじめ幅広い関係者と各地域の教育の質の向上について認識ができるよう、自治体がリーダーシップを発揮して、あらゆる機会を活用・創出する。

②「幼児期の終わりまでに育ってほしい姿」と各園・学校や地域の創意工夫を生かした「幼保小の架け橋プログラム」の実施

○義務教育開始前後の5歳児から小学校1年生の2年間（いわゆる「架け橋期」）は、生涯にわたる学びや生活の基盤をつくるために重要な時期である。

○この時期の教育については、幼児教育施設と小学校がそれぞれの役割を担っている。子どもの成長を切れ目なく支える観点からは、幼保小の円滑な接続をより一層意識し、乳児や幼児それぞれの特性などの発達の段階を踏まえ、一人ひとりの多様性や0～18歳の学びの連続性に配慮しつつ、教育の内容や方法を工夫することが重要である。

○子どもに関わる大人が立場の違いを越えて、自分事として連携・協働し、この時期にふさわしい主体的・対話的で深い学びや生活の基盤を育めるようにすることを目指し、「幼保小の架け橋プログラム」を実施することとする。

○「幼児期の終わりまでに育ってほしい姿」は、子どもに資質・能力が育まれていく過程で見られる生活の姿を総合的に示したものであり、同時に、資質・能力を育む先生や大人が、教育上の思いや願いを照らし合わせながら、一人ひとりの子どもの様子を見定めていくことを通じて、子どもの学びや生活の質を捉え、資質・能力がどのように育ってきているかを見出し、子どもの実態に沿って主体的・対話的で深い学びの充実を図れるようにするために必要な手がかりとして生かすことができるものである。ここで示されている姿は、架け橋期はもとより、その前の時期、さらにその後の学びのプロセスの基盤となっていく。

○「幼保小の架け橋プログラム」のねらいとしては、課題を踏まえ、次のとおり。

・幼児期から児童期の発達を見通しつつ、5歳児のカリキュラムと小学校1年生のカリキュラムを一体的に捉え、地域の幼児教育と小学校教育の関係者が連携して、カリキュラム・教育方法の充実・改善にあたることを推進する

・三法令、特に「幼児期の終わりまでに育ってほしい姿」の正しい理解を促し、教育方法の改善に生かしていくことができる手立てを普及する

・架け橋期に園の先生が行っている環境の構成や子どもへの関わり方に関する工夫を見える化し、家庭や地域にも普及してい

く
・幼児期・架け橋期の教育の質保障のための枠組みを構築し、データに基づくカリキュラム・教育方法の改善を促進していく
○本プログラムについては、今後3か年程度を念頭に集中的に推進する。（中略）好事例を分析し、幼保小の関係者等に展開する。
○「幼保小の架け橋プログラム」の下、自治体が架け橋期のカリキュラム開発に取り組む場合のイメージとして、対象は、0～18歳の学びの連続性に配慮しつつ、5歳児～小学校1年生を想定している。
○開発主体は、各地域において、幼稚園、保育所、認定こども園、小学校、教育委員会、子育て担当部局、教員等の養成や研修（管理職を含む）に関わる大学や専門学校、幼保小の関係団体、保護者や地域の関係者、有識者、架け橋期のコーディネーター等から構成される架け橋期のカリキュラム開発会議を構成する。
○架け橋期のカリキュラム開発会議で示すものが曖昧で具体性に乏しいと、園・学校で共通性をもって開発することが困難である。一方、細部まで決まっていると、園・学校のよさや特色が反映しにくい。地域の実態等に応じたバランスを取りながら柔軟に進めていくのがよい。また、架け橋期のカリキュラムの開発のプロセスを可視化するとともに、園・学校において形式だけが模倣され形骸化することがないよう、先生方の主体的な参画も得て取組を進める必要がある。
○質保障の枠組み…モデル地域を対象に、アンケート調査や実態調査を行い、架け橋期のカリキュラム等の効果検証を行うとともに、手引き（初版）や参考資料（初版）等に関する改善事項を整理し、全国展開に向けた取組を推進するため、国において架け橋期の教育の質保障の枠組みを構築する。
○更なる課題…子供の発達の多様性を踏まえ、0～18歳を視野に入れるのであれば、初等中等教育全体の中で架け橋期をどう位置付けていくのか、遊びや学びの環境や時間・空間の在り方を含めて、更に議論が必要である。

③全ての子供のウェルビーイングを保障するカリキュラムの実現

○園や小学校におけるカリキュラム・マネジメントの充実を図り、すべての子どものウェルビーイングを高める観点から、教育課程編成・指導計画作成、実施や評価・改善等を通じて、組織的かつ計画的に教育活動の質の向上が図られるようにする。
○架け橋期を含め教育においてウェルビーイングを効果的に保障するためには、具体的にどのような取組が求められるか、今後さらに検討が必要である。その際、子どもだけでなく、先生や保護者のウェルビーイングも目指す必要がある。
○①日常における質の高いプログラム、②クラスの実態によるカリキュラムの調整、③生活と遊びの中に埋め込まれた学びといった基礎的な環境整備の充実による質の向上、④個に応じた支援という合理的配慮を総合的にマネジメントしていくことができるよう、先進的な事例の形成・普及などを支援する。

④幼児教育推進体制等の全国展開による、教育の質の保障と専門性の向上

○今後、幼児教育推進体制については、「幼保小の架け橋プログラム」の推進を担うことも踏まえると、各自治体において、幼児期・架け橋期における「①教育の質を向上するための体制の構築（関係部局が連携・協働した体制を含む）、②教育に関する専門性の向上（専門職員［指導主事・幼児教育アドバイザー

等」の配置、指導資料の充実・実践事例の蓄積、研修の充実など)、③域内全体への取組の普及」といった機能が求められる。

○人材確保・研修…質の高い教育の実践の根幹となる人材の養成・採用・定着やキャリアアップに必要な取組を総合的・効果的に実施する。その際、現在行われている研修について、キャリアアップの観点から体系化された取組を推進する。また、「令和の日本型学校教育」を担う新たな教師の学びの姿の実現に向けた方策との関係にも留意する。

○自治体のリーダーシップの下、教育に関する専門性の向上を、地域全体で図ることのできる仕組みづくりを推進する。例えば、組織的・計画的な園内・校内研修、施設類型を越えた研修や小学校との合同研修の実施(園内・校内研修への他園・他校の先生の参加・協議を含む)、園・小学校の教育活動に携わる参加研修、相互の職場体験、人事交流等に取り組む。

⑤地域における園・小学校の役割の認識と関係機関との連携・協働等

○一人ひとりの多様性に配慮し、学びや発達を促すような教育の充実を図るとともに、幼児教育の成果を小学校教育につなげる仕組みを構築するため、園や小学校における好事例(データ)等を収集・蓄積して活用する。また、家庭とも共有し、これらの取組の評価・検証による支援策の改善につなげる。

○地域の幼児教育の中心として、幼児教育施設がその専門性やノウハウを生かし、保護者が子育ての喜びや生きがいを実感できるよう、幼児教育施設における親子登園や相談事業、一時預かり事業等の取組の充実を図ることなどにより、子育ての支援の充実を図る。その際、地域の子育て世代包括支援センター等との連携・協力も図る。一方で、保護者は単に支えられる存在ではなく、幼児教育施設・小学校と一緒になって両輪で子どもを育てていく存在であることを自覚しつつ、取組を進める。

5 「幼保小の架け橋プログラム」の実施に向けて

①「幼保小の架け橋プログラム」のねらい

これまで示してきたように、義務教育開始前の5歳児から小学校の1年生の2年間を「架け橋期」とし、この時期の教育について、子どもの成長を切れ目なく支える幼保小の円滑な接続を意識していくことが重要です。

「幼保小の架け橋プログラム」のねらいとしては、

・幼児期から児童期の発達を見通しつつ、5歳児のカリキュラムと小学校1年生のカリキュラムを一体的に捉え、地域の幼児教育と小学校教育の関係者が連携して、カリキュラム・教育方法の充実・改善にあたることを推進すること

・三法令の「幼児期の終わりまでに育ってほしい姿」の正しい理解を促し、教育方法の改善に生かしていくことができる手立てを普及すること

・架け橋期に園の先生が行っている環境の構成や子どもへの関わりに関する工夫を見える化し、家庭や地域にも普及していくこと

・幼児期・架け橋期の教育の質保障のための枠組みを構築し、データに基づくカリキュラム・教育方法の改善を促進すること

とされ、全国的な架け橋期の教育の充実とともに、モデル地域における先進事例の実践を並行して推進していくことが示されています。

②架け橋期のカリキュラムの開発

「幼保小の架け橋プログラム」の中では、「架け橋期のカリキュラム」を作成することが中心的な取組とされています。

0歳～18歳の学びの連続性に配慮しながらも、5歳児～小学校1年生の架け橋期において、各園や小学校における教育課程の編成や指導計画の作成の前提となる「架け橋期のカリキュラム」の開発と、架け橋期のカリキュラムの実施に必要な研修、教材としての環境の活用等の開発を行っていくことが必要です。

架け橋期のカリキュラム作成において、重要とされることは、幼保小の教職員が協働し、共通の視点をもって教育課程や指導計画等を具体化できるよう、「幼児期の終わりまでに育ってほしい姿」を手掛かりとし、育成を目指す資質・能力を視野に入れながら策定できるよう工夫すること、また、幼保小の教職員が共に振り返り、評価し、改善・発展させていくことです。

園長や校長のリーダーシップと自治体の支援の下、園と小学校の教職員が、子どもの姿を中心として、対話を通した相互理解や実践を深めていくことが求められています。

③具体的な進め方

「幼保小の架け橋プログラムの実施に向けての手引き（初版）」（以下、手引き）の中では、開発会議、園や小学校、自治体の3つが具体的に取り組むべき内容についてのイメージが示されています。

まず、開発会議の役割としては、「架け橋期のカリキュラム」の策定にあたり、幼児教育施設、小学校、自治体関係者や保護者、地域の関係者、有識者等で構成される開発会議を実施し、「架け橋期のカリキュラム」の開発、方針を定めていくこととされています。

そして、各園や小学校においては、開発会議で検討された方針を基に具体化すること、自治体においては、「架け橋期のカリキュラム」の実施において様々な支援をしていくことが求められています。

3年間の取組においては、「①基盤づくり、②検討・開発、③実施・検証、④改善・発展サイクルの定着」の4つのフェーズが示されており、それぞれのフェーズにおいて、開発会議、園・小学校、自治体が行っていくべき内容についても記載されています（11ページの図を参照）。

これらのフェーズについては、様々な地域において、必ずしも同じ順序を辿って発展していくものではありません。幼保小の連携・接続においては、各地域におけるこれまでの取組の実態はさまざまであり、「架け橋期のカリキュラム」の実施においても、各地域における実施状況や園・小学校の体制や幼児・児童の実態等により、変化していくことが予想されます。そのため、各フェーズを行きつ戻りつしながら発展していくこととなります。

④開発会議における「架け橋期のカリキュラム」の開発イメージ

開発会議の構成員としては、幼保小の教員・保育者、関係自治体部局、有識者、保護者や地域の関係者、架け橋期のコーディネーターなどがあげられます。

これらの構成員により、手引きや参考資料を活用しつつ、「架け橋期のカリキュラム」を開発していきます。

また、カリキュラムの実施に必要となる研修や教材としての環境の活用等の開発を行っていくことも求められています。

架け橋期のカリキュラムについては、「幼児期の終わりまでに育ってほしい姿」を手がかりとし、育成を目指す資質・能力を視野に入れながら策定できるように工夫していくことが必要です。カリキュラムを構成する共通の視点として考えられる項目の例としては、「①期待する子ども像、②遊びや学びのプロセス、

③園で展開される活動／小学校の生活課を中心とした各教科等の単元構成等、④指導上の配慮事項（先生の関わり、子どもの学びや生活を豊かにする園の環境の構成、小学校の環境づくり等）、⑤子供の交流、⑥家庭や地域との連携」があげられています。

前述したように、このようなカリキュラムを幼保小の教員・保育者が協働し、共通の視点をもって作成することや、現在の5歳児や小学校1年生の教育課程・指導計画を見直しつつ、整理していくことが必要であり、さらに、作成した「架け橋期のカリキュラム」について、幼保小の教員・保育者が一緒に振り返り、評価し、改善・発展させていくことが重要です。

また、この開発会議は、検討・開発段階、実施・検証段階、改善・発展サイクルの定着段階等において、国による架け橋期の教育の質保証の枠組みとの連携の推進や強化も重要となっていくといえるでしょう。

⑤園や小学校での具体化の進め方

園や小学校では、具体的な子どもの姿や発達に応じたつながりを意識して幼保小の教員・保育者が一緒に考えて具体化していくことが大切です。

子どもの姿や発達を踏まえ、遊びや学びのプロセスをどのように深めていくのか、園で展開される活動や小学校の生活科を中心とした各教科等の単元構成等をどのようにしていくのか、そのための教員・保育者の関わりや環境の構成、環境づくりとして、どのような工夫があるのか等について考えていきます。

その際には、前述されているように、0～18歳の発達の連続性を踏まえつつ、幼児期である3歳からの実態や体験の質、学び方、関係性の広がり、教員・保育者の関わり等が小学校へどのようにつながっていくのかを考えていく必要があります。

また、「教育的価値を有する教材としての環境」等も重要な視点として挙げられます。幼児期の教育と小学校教育との異なる点や共通点などに触れ、互いに理解し合う中で、子どもにとっての教育的価値の視点から、その共通性の理解を深める等しながら、子どもが学びを深めていくことができる環境の在り方について協議を深め、充実を図っていくことが大切です。

幼児にとっての学びである遊びは、環境との関わりが深まることで充実していきます。そのため、幼児が関わる環境（人、もの、出来事、時間、空間等）すべてが幼児にとっての教材となりえるものです。幼児の主体的な遊びを大切にしつつ、「その幼児にどのような成長を願うのか」といった教員・保育者の意図を環境に込めていきます。園における環境（教材）の工夫等について、小学校でも適宜取り入れながら、架け橋期の指導の充実を図っていくことや、授業等で扱う学習教材だけでなく、休憩時間に子どもが関わる環境等も子どもの学びに影響する環境（教材）であることを再認識し、その教材観を広げていくことも大切であるといえます。

⑥自治体の支援

架け橋期のカリキュラム開発においては、何より自治体の支援が重要な役割を担っています。

前述した、フェーズ1やフェーズ2においては、自治体の関係部局が連携した上で、各園や小学校、家庭・地域との連携の下、開発会議を開催すること、フェーズ3、フェーズ4においては、連携のコーディネートをしていくこと等が自治体の取組としてあげられます。

そして、どのフェーズにおいても、幼保小の教員・保育者の研修の実施、研修教材の開発、研修の充実、さらに、研修の改善や発展などの支援を進めていくことが必要となります。

架け橋期のカリキュラムの作成や実施においては、これらの自治体の支援が重要であり、それが、幼保小の連携の強化や持続的・発展的に実施する組織体制の構築へとつながっていくでしょう。

・架け橋期のカリキュラムを踏まえ、教育課程編成・指導計画作成、実施
・各園・小学校において、接続をコーディネートする者の明確化
・持続的・発展的に実施する組織体制の構築

等のために、自治体は重要な役割を担っているのです。

⑦幼児教育推進体制の今後の在り方

「幼保小の架け橋プログラム」の普及による幼児教育推進体制の今後の在り方について、手引きの中では、

・成果の発展…幼保小接続の機運醸成／幼児教育アドバイザーの配置により、幼保小への助言・指導機会の充実
・課題…幼保小接続に関する内容面の資料がなく、現場への支援も幼児教育アドバイザーの経験に拠るところが大きく、幼保小接続を含め、幼児教育に関するアドバイスの質のばらつきや指導内容の継続性に課題／幼児教育アドバイザーの経歴等により、学校園種の理解度に差が出ざるを得ず、学校園種の特徴に合ったアドバイスに課題

と示されています。

また、今後の在り方としては、

・成果の発展…幼保小の共通理解の促進により、幼保小接続の内容面の質の向上／幼児教育アドバイザー・架け橋期のコーディネーター・指導主事と幼保小で共通資料が共有されることにより、幼保小への助言・指導内容の充実
・課題の克服…現場との共通資料の共有により、幼児教育アドバイザー・架け橋期のコーディネーター・指導主事のアドバイスの質の保障、異動による影響なく継続的な質向上の取組の充実／各学校園種の特徴を踏まえた共通資料の共有により、経験のない学校園種にもその特徴を理解した上でアドバイスを実施

と示されています。

「幼保小の架け橋プログラム」により、各自治体の幼児教育推進体制への理解促進と、共通資料等の全国共有により、自治体の幼児教育推進・幼保小接続の取組が点から面的な広がりになっていくこと等が期待されています。

「幼保小の架け橋プログラム」においては、手引きのほかに、「幼児期の終わりまでに育ってほしい姿」を手がかりに、幼保小の教員・保育者が一緒に子どもの姿から話し合っていくための参考となる「幼保小の架け橋プログラムの実施に向けての手引きの参考資料（初版）」も示されています。

これらの資料を参考としながら、モデル地域をはじめとし、各地域、各園・小学校の実情に応じた「幼保小の架け橋プログラム」の着実な実施が重要となるでしょう。

第２章

交流の年間計画と接続カリキュラムの作成の実際

接続はどこまで進んだか、これまでの取組を振り返る

幼児期の教育と小学校教育の接続を推進するにあたり、まずは接続の取組がどこまで進んでいるか確認することが大切です。そのうえで今後どのように取り組んでいくことがより効果的なのか考えましょう。

高知学園短期大学　副学長　山下文一

令和4年3月31日、中央教育審議会初等中等教育分科会幼児教育と小学校教育の架け特別委員会及び検討チームの議論等を踏まえ、幼保小の架け橋プログラムの実施に向けての手引き（初版）と参考資料（初版）が示されました。その詳細については、第1章に述べられている通りです。

ここでは、幼児期の教育と小学校教育の接続の経緯について、幼稚園教育要領改訂、保育所保育指針改定、幼保連携型認定こども園教育・保育要領改訂を中心に、接続の経過の概要について述べたいと思います。

平成20年に改訂（定）された幼稚園教育要領、保育所保育指針、幼保連携型認定こども園教育・保育要領において、「幼児と児童の交流」「小学校の教諭との意見交換」や「合同の研究会の機会を設ける」など、組織的、計画的、継続的に取り組むことを通して、相互の連携を深めることが示されました。また、小学校学習指導要領解説においても、幼児教育の成果を小学校教育に生かすことで、小1プロブレムなどの問題を解決し、学校生活への適応を進めることが期待されるとして、小学校側にスタートカリキュラムが示されました。

その後、平成21年には、文部科学省と厚生労働省の共同で「保育所や幼稚園等と小学校における連携事例集」、平成22年には、幼児期の教育と小学校教育の円滑な接続の在り方に関する調査研究協力者会議より「幼児期の教育と小学校教育の円滑な接続の在り方について（報告）」が出されました。報告では、子どもの発達や学びの連続性を保障するため、幼児期の教育（幼稚園、保育所、認定こども園における教育）と児童期の教育（小学校における教育）が円滑に接続し、体系的な教育が組織的に行われることは極めて重要であるとし、連携から接続へと発展する過程のおおまかな目安として、

■**ステップ0**
連携の予定・計画がまだ無い。

■**ステップ1**
連携・接続に着手したいが、まだ検討中である。

■**ステップ2**
年数回の授業、行事、研究会などの交流があるが、接続を見通した教育課程の編成・実施は行われていない。

■**ステップ3**
授業、行事、研究会などの交流が充実、接続を見通した教育課程の編成・実施が行われている。

■**ステップ4**
接続を見通して編成・実施された教育課程について、実践結果を踏まえ、更によりよいものとなるよう検討が行われ

ている。

以上の、5つのステップが示され、それぞれのステップを確認しながら、連携・接続の取組を後戻りせずに進めていくことの重要性が示されました。そのためには、各教育委員会等がリーダーシップを発揮して、各学校・施設が連携から接続へと発展する過程を共有し、組織的・計画的に取り組むことが大切です。

平成30年には、幼稚園教育要領の改訂、保育所保育指針の改定、幼保連携型認定こども園教育・保育要領の改訂、小学校学習指導要領の改訂が行われ、「幼児期の終わりまでに育ってほしい姿」を共有するなどの連携を図り、幼児期の教育と小学校教育の円滑な接続に一層努めることが示されました。

令和3年5月14日に開催された、財政諮問会議「新たな時代を担う人材育成と研究力の強化について」当時の萩生田文部科学大臣が、「（前略）全ての子供が格差なく質の高い学びへ接続する観点では、教育開始年齢の早期化が世界の潮流であり、好奇心や粘り強さなどの非認知能力を幼児期に身につける機会の提供など、全5歳児の生活・学習基盤を保障する幼保小の架け橋プログラムの推進等の幼児期からの学びの基盤づくりを進めていく。（後略）」と述べています。

これを受け、令和3年7月8日に、幼児教育の質的向上及び小学校との円滑な接続について専門的な調査審議を行うため、中央教育審議会初等中等教育分科会の下に、「幼児教育と小学校教育の架け橋特別委員会」（以下「特別委員会」という。）が設置されました。このうち、「幼保小の架け橋プログラム」の共通事項等の整理及び幼児教育の質の保障の仕組みについて、「幼保小の接続期の教育の質的向上に関する検討チーム」（以下「検討チーム」という。）において集中的に検討がおこなわれました。その後、令和4年3月31日に特別委員会からは、幼児教育と小学校教育の架け橋特別委員会審議経過報告が出されました。

また、同時に文部科学省より「幼保小の架け橋プログラムの実施に向けての手引き（初版）」が出されました。ここでは、基盤づくりから改善・発展サイクルの定着に至るまでのプロセスとして、園や小学校、自治体の役割等が4つのフェーズによって示されました。

■フェーズ1　基盤づくり
■フェーズ2　検討・開発
■フェーズ3　実施・検証
■フェーズ4　改善・発展サイクルの定着

このように、接続がこれまでのステップから4つのフェーズに再整理されたのです。今後、幼保小の架け橋期のカリキュラムを作成するにあたり、まずはこれまでの取組がどこまで進んでいるか再確認してスタートすることが必要です。表1・表2のチェックシートを参考にして、実態に応じてチェック項目を修正加筆するなどして活用してください。

第2章、第3章では、全国の特徴のある実践を掲載しています。これらの実践を参考にして、それぞれの地域の実態に即した幼児期の教育と小学校教育の接続に取り組んでいただきたいと思います。

フェーズ 3（実施・検証）	フェーズ 4（改善・発展サイクルの定着）
☐接続推進のための体制や委員構成は適当であるか ☐各園・各小学校の協働推進のため、経験年数、設置者、施設類型、学校種に配慮したきめ細かな対応をしているか ☐各園・各小学校が行っている接続の現状や課題解決に向けた検討が行われ、実践し成果を得ることができているか ☐各園・各小学校の教職員、保護者、架け橋期のコーディネーター、自治体内の関係者、関係団体等にアンケート調査やヒアリング等の手法を用いて、実施状況の検証が行われているか	☐会議の定期開催を通じ、そのカリキュラムや各園・各小学校への支援策に関する改善・発展を常に検討しているか ☐各種調査結果やデータ等を活用して、子供や各園・各小学校の実態を把握し、実態に応じた方針の改善・発展と具体的な対策の改善を行っているか ☐自治体が自立的に評価・改善することが可能な体制の検討（取組を適切に把握できる人材の育成等）を行っているか
☐架け橋期のカリキュラムの実施状況の把握・検証をし、改善・発展の視点について検討をしているか	☐会議の定期開催の実施を通じ、そのカリキュラムや各園・各小学校への支援策に関する改善・発展を常に検討しているか ☐架け橋期のカリキュラムに関する必要な支援策の改善・発展をしているか ☐各種調査結果やデータ等を活用して、子供や各園・各小学校の実態を把握し、実態に応じた方針の改善・発展と具体的な対策の改善を行っているか
☐定期的に関係部局と連絡会を開催し、開発会議の方向性等について共通理解を図ることができたか ☐定期的に担当者同士の話し合いが行われ、その内容について担当部局内で共有されているか	☐会議の定期開催を通じ、そのカリキュラムや幼保小への支援策に関する改善・発展を常に検討しているか ☐各種調査結果やデータ等を活用して、子供や各園・各小学校の実態を把握し、実態に応じた方針の改善・発展と具体的な対策の改善を行っているか ☐各種調査結果やデータ等を活用して、子供や各園・各小学校の実態を把握し、実態に応じた方針の改善・発展と具体的な対策の改善を行っているか
☐各園・各小学校と連携を密にし定期的な打ち合わせを行い、開発会議にその成果を反映しているか	☐会議の定期開催を通じ、そのカリキュラムや各園・各小学校への支援策に関する改善・発展を常に検討しているか
☐保育、授業、幼保小の合同研修会等について、成果や課題について把握し、検証が行われているか	☐会議の定期開催を通じ、そのカリキュラムや各園・各小学校への支援策に関する改善・発展を常に検討しているか ☐各種調査結果やデータ等を活用して、子供や各園・各小学校の実態を把握し、実態に応じた方針の改善・発展と具体的な対策の改善を行っているか ☐研修内容や研修教材の体系化と充実を図っているか ☐会議の定期開催を通じ、そのカリキュラムや各園・各小学校への支援策に関する改善・発展を常に検討しているか ☐各種調査結果やデータ等を活用して、子供や各園・各小学校の実態を把握し、実態に応じた方針の改善・発展と具体的な対策の改善を行っているか
☐各園・各小学校と関係機関・関係団体との連携のコーディネートは、ニーズや課題に応じた研修になっているか検証が行われているか ☐園内・校内研修等の参観の実施状況について成果や課題について把握し、検証が行われたか ☐接続の推進を図るための、有効な財政支援を行うことができているか ☐架け橋期のカリキュラムの実施・検証・改善したことを研修に取り入れているか	☐会議の定期開催を通じ、そのカリキュラムや各園・各小学校への支援策に関する改善・発展を常に検討しているか ☐各園・各小学校が関係機関・関係団体と連携するに当たって、自立を促しつつ、必要な時は支援をしているか ☐各種調査結果やデータ等を活用して、子供や各園・各小学校の実態を把握し、実態に応じた方針の改善・発展と具体的な対策の改善を行っているか

表1　自治体が組織する開発会議の実施状況チェックリスト

開発会議（チェック項目）

No.		フェーズ1（基盤づくり）	フェーズ2（検討・開発）
開発会議の設置			
1	①	□開発会議が設置されているか	□構成委員は、保護者・地域・関係機関・架け橋期のコーディネーター等のメンバーから構成されているか
	②	□各園・各小学校内の幼保小の連携体制の整備状況や実際の運営状況について把握しているか	□各園・各小学校の連携体制の整備状況や実際の運営状況について把握し、検討が進められているか □各園・各小学校が行っている接続の現状や課題を把握し、検討が進められているか
	③	□各園・各小学校におけるこれまでの連携の取組の経緯、成果と課題について把握しているか	□各園・各小学校におけるこれまでの連携の取組の経緯、成果と課題について把握し、検討が進められているか
	④	□自治体におけるこれまでの取組の成果と課題について把握しているか	□自治体におけるこれまでの接続の取組の成果と課題について把握し、検討が進められているか
検討事項1【方針の検討・決定、開発への支援】			
2	①	□各園・各小学校においてそれぞれに作成しているアプローチカリキュラムとスタートカリキュラムについて状況を把握しているか	□アプロ―チカリキュラム、スタートカリキュラムを踏まえた、架け橋期のカリキュラムについて検討が進められているか
検討事項2【自治体内の関係部局と連携】			
3	①	□定期的に関係部局と連絡会を行う体制ができているか	□定期的に関係部局と連絡会を開催し、開発会議の方向性等について共通理解を図っているか
	②	□関係部局連携のための担当者がいるか	□定期的に担当者同士の話し合いが行われているか
検討事項3【園・学校との連携】			
4	①	□自治体と各園・各小学校とが連携するための担当者がいるか	□各園・各小学校と連携を密にし、定期的な打ち合わせを行っているか □各園・各小学校の連携の実態や状況を把握しているか
検討事項4【研修体制】			
5	①	□幼児期の教育と小学校教育の接続に関わる研修会が行われているか	□各園・各小学校の教職員の相互理解が深まる工夫をして、教職員の合同研修を実施しているか
	②		□研修について、各園・各小学校の教職員が相互理解を深め、実践に生かしやすい工夫や研修教材の開発等をしているか
	③		□各園・各小学校と関係機関・関係団体との連携のコーディネートをしているか
	④	□各園・各小学校が主体的に行う研修の支援体制ができているか	□各園・各小学校が行う研修に対して、研修時間の確保の支援を行っているか □各園・各小学校が行う研修に対して、講師招聘・出張その他接続にかかる経費全般について財政支援を行っているか
	⑤	□各園・各小学校が連携して作成する接続カリキュラムに対して支援体制ができているか	□各園・各小学校の教職員が協働して架け橋期のカリキュラムの開発するための支援策として、架け橋期のコーディネーターの活用、研修等が行われているか

※文部科学省「幼保小の架け橋プログラムの実施に向けての手引き（初版）」をもとに作成。チェック項目で示す「幼保小」には、こども園も含まれる。

フェーズ 3（実施・検証）	フェーズ 4（改善・発展サイクルの定着）
□これまでに蓄積された知見を整理し、相互理解を深める内容や方法について具体的に話し合うことができているか（例：参観後の意見交換はどのような視点がよいのか、各園・各小学校の教育課程や指導計画に関して相互の指導の内容や方法が生かせることはないか　等）	□各園・各小学校での持続的、発展的な組織体制を構築することができているか □子供の実態に応じつつ各園・各小学校の創意工夫を生かした架け橋期のカリキュラムとするため、幼保小の合同会議の定期開催を継続することができているか □中長期的な展望をもって話し合うことができているか
□開発会議の議論に基づき、幼保小の合同会議においてより効果的な検討・検証がなされているか	□開発会議と連動した短期的、中長期的な視点で会議を定期的に開催できているか
□開発会議での方針を具体化した、架け橋期のカリキュラムが策定されているか □架け橋期のカリキュラムの共通の視点が、実践に生かされているか □教育・保育課程編成、指導計画作成を行い、さらに、共通の視点が保育や授業の中でどのような指導上の配慮となって表れているのか、相互理解を深めることができているか □相互の教育の見方や子供の捉え方の変容等について意見交換ができているか □相手の職場体験、保育参観・授業参観等を通じた気付きや疑問を話し合うことができているか □教育課程や指導計画等を具体化できるよう「幼児期の終わりまでに育ってほしい姿」を手がかりとして、育成を目指す資質・能力を視野に入れながら作成できているか	□架け橋期のカリキュラムについて、短期的、中長期的視点から定期的に継続して話し合っているか □改善・発展のため、接続する各園・各小学校での子供の学びや生活を具体的にイメージしながら話し合っているか □フェーズ2～3の PDCA サイクルが確立し、持続的に改善・発展できる仕組みとなっているか □共通の視点についても子供のウェルビーイングを高める視点から見直しをしているか
□教材（人やものといった環境等）の活用について、子供の発達に応じてどのような教育的価値をもち、遊びや学習の中でどう活用するかについて一緒に考えることができているか □フェーズ 2 で開発した架け橋期のカリキュラムは、各園・各小学校の教育・保育課程や指導計画として具体化できているか	□教材は、子供が主体的に学ぶ力を高めるものとなっているか □教材がもつ教育的価値について、各園・各小学校の教職員が一緒に教材研究を深め、教材開発をすることができているか □接続する各園・各小学校での子供の学びや生活を具体的にイメージしながら、相手の教育の内容や方法について理解し、各園・各小学校の取組の改善につなげる ことができているか
□互恵性のある交流が推進されているか □子供の自発的な交流が生まれるよう、各園・各小学校の教職員が協働して工夫しているか □子供同士の自発的な関わりが生まれるように工夫されているか □活動前に、各園・各小学校での子供の姿を伝え合い、教職員がどのような関わり方をするのかについて共通理解を図ることができているか □活動後は、交流学習について各園・各小学校で一緒に振り返ることができているか	□フェーズ2～3の PDCA サイクルが確立し、持続的に改善・発展できる仕組みとなっているか □子供の自発的な交流を生み出す交流学習ができているか □自園・自校内、及び幼保小全体で交流学習等について、改善や発展の方向性が共通認識されているか

表２　架け橋期のカリキュラムの実施状況チェックリスト

架け橋期のカリキュラム（チェック項目）

No.		フェーズ１（基盤づくり）	フェーズ２（検討・開発）
幼保小の合同会議			
1	①	□園長・校長の連携とリーダーシップが発揮されているか □自園・自校内の教職員の業務分担の中に、連携窓口を位置づけているか □幼保小の教職員が気軽に話し合える機会が設定されているか	□幼保小の合同会議は、架け橋期のカリキュラム、各園・各小学校の研究会、子供の交流活動等、幼保小の連携・接続に関することを所掌し、各園・各小学校の各担当者を決めているか □園長・校長のリーダシップのもと、園と小学校の教職員が子供の育ちを中心に据えた対話を通して、相互理解・実践を深めるための検討が行われているか □幼保小の合同会議では、課題に関する協議を行うとともに、子供の変容や自園・自校の教職員の意識の変容を図ることができているか □様々な委員会等との関係の明確化、開催日程の共有、全ての教職員の理解と協力、個人に依存しない持続的な体制づくりができているか
1	②	□開発会議に委員として参加しているか	□開発会議の協議内容を、幼保小の合同会議に報告し検討しているか
検討事項１【相互の教育の内容や方法に関する理解の共有】			
2	①	□園長・校長及び担任間での関係づくりをしながら、各園・各小学校での子供の生活の流れや活動について共有した上で、各園、各小学校で教育課程編成・指導計画作成をしているか □園内研修、校内研修等の計画の中に、教職員全員で架け橋期のカリキュラムに取り組む意義やねらいを共有する機会が設定されているか □連携窓口を通じて、授業参観や保育参観、教職員の意見交換会などの機会が設定されているか	□５歳児〜小１の２年間を対象とした架け橋期のカリキュラムがあり、幼保小の共通の視点があるか □事例を取り上げ、架け橋期のカリキュラムの共通の視点から理解を深めていくことができているか（例：期待する子供像・遊びや学びのプロセス、園で展開される活動、小学校の生活科を中心とした各教科等の単元構成、指導上の配慮事項としての教職員の関わりと環境の構成と環境づくり、主体的・対話的で深い学びの実現、園や小学校での教職員の関わり方の共通性　等）
2	②	□各園・各小学校の教育・保育におけるねらいや内容を理解しているか □子供たちがどのような流れ（１日、月、年間）で生活しているのかを共有しているか	□「環境を通して行う教育」について理解できているか □「教科教育」について理解できているか □互いの教材観について理解し、広げ深めているか □人やものといった環境が有する、子供にとっての教育的価値に着目し幼保小の教職員が意見交換をしているか
検討事項２【子どもの交流の推進】			
3	①	□各園・各小学校の間で子供の交流をしているか	□事前・事後打合せ（幼児や児童の活動のねらいの共通理解、活動内容の把握等）を行い、幼児と児童の双方に学びがある交流となるよう工夫しているか □交流学習の合同指導計画を、幼保小で話し合って作成しているか □幼児と児童の双方が、夢中になり学びがある活動となっているか □「幼児期の終わりまでに育ってほしい姿」を手掛かりにした、子供の姿や関わりについての意見交換ができているか

※文部科学省「幼保小の架け橋プログラムの実施に向けての手引き（初版）」をもとに作成。チェック項目で示す「幼保小」には、こども園も含まれる。

幼保小の架け橋プログラム

保育者と小学校教員の交流、幼児と児童の交流

年間計画の例

年に数回の交流活動、保育者と小学校教員との研究会、要録の送付や引き継ぎ、「幼児期の終わりまでに育ってほしい姿」などを活用した連絡協議会が開催されている段階の年間交流計画の一例です。

月	計画の内容
4月前準備	教育課程の編成 要録を基にした引き継ぎ 教育計画の中に交流・連携活動を位置付ける
4月	入学式やその後の1年生の情報交換
5月	幼小合同連絡会 運動会での1年生の実態把握
6月	公開授業・保育、研究協議会への参加 幼児期の終わりまでに育ってほしい姿を生かした協議 異校種の教育内容・指導法についての理解
7月	

情報交換

入学式や、その後しばらくしての1年生の様子、約2か月後にある運動会などでの様子について実際に見たり、情報交換をしたりします。

連絡組織づくり

幼小連携コーディネーターなどの交流や連携を進める組織をつくり、管理職や教務主任などとも連携を取りながら担当者間で年間の予定を確認します。

研修会

教育委員会や地区ごとの幼小連携に関する研修会に参加し、お互いの教育内容・指導方法などについて理解を深めます。

授業・給食を通じて交流します。

8月	
9月	公開授業・保育、研究協議会への参加 幼児期の終わりまでに育ってほしい姿を生かした協議 異校種の教育内容・指導法についての理解
10月	小学校の秋祭りへの参加
11月	公開授業・保育、研究協議会への参加 幼児期に育ってほしい姿を生かした協議 異校種の教育内容・指導法についての理解
12月	小学校学芸会の見学 年間交流・連携活動についての協議
1月	体験授業 教育課程の編成
2月	体験給食
3月	要録を基にした引き継ぎ

幼保小の架け橋プログラム

保育者と小学校教員の交流、幼児と児童の交流

計画作成の実際とポイント

子どもたちの育ち合いはもちろん、保育者・小学校教員にとっても長期的な視点で子どもの育ちと指導について相互に学び合い、意義ある交流を進めましょう。

1 スタートは相互理解から

多くの地域で、乳幼児から児童生徒までの長期的な視点から子どもたちの育ちをつないでいこうとする施策が、各自治体の教育委員会を中心に進められています。それを受けて現場では、子どもたちの実態に応じて実際に連携や交流活動を進めていくことになります。教育課程を編成するにあたって大切なことは、連携や交流を通して子どもたち相互の成長を実感し、理解できていることです。幼稚園教育要領等、学習指導要領の改訂を経て、「幼児期の終わりまでに育ってほしい姿」を共有することも共通認識されつつありますが、まずは、保育者と教員が子どもの姿を真ん中に置き、お互いの教育・保育について話し合う機会をつくることから始めましょう。

2 年間計画の作成と体制づくり

現時点で実施できている交流活動は、それぞれの年間計画の中で互恵性のもと、実施されていることでしょう。年間計画の中に位置付いているものもあれば、単発の行事として実施されているものもあるかもしれません。大切なことは、目的を明確にし一年間の教育活動の流れの中で、計画的に実施していくことです。今実践できている活動を中心に置いて、前後の活動や全体の計画について考えていくことが望まれます。より充実した取組にしていくためには、連携委員会を組織するなど、担当者が窓口になって協議する体制づくりが必要となります。

3 評価・改善

①子どもの育ちの視点

交流活動においては、幼児にとっては小学校への憧れの気持ちや入学への不安を期待に変えることが望まれます。また小学生にとっては、小さい子と接することで思いやりや優しい気持ちを行動で示すことを学ぶ機会になります。交流場面での姿が、学級の中での存在感を変える機会になることもあります。また交流後の生活や学習場面で、交流時の経験が生かされることも多くあります。幼児が、小学校の経験を園内で再現したり、その中で自分たちが教えてもらったことを思い出して、小さい子たちに優しく接したり教えたりする姿が見られたりすることもあります。このように、まずは

子どもの育ちの視点から評価し改善していくことが大切です。

②年間計画の見直しの視点

各交流活動の後に目的に照らして反省・評価を行い、そこで出された課題を次年度の計画を立てる年度末の協議の場で議題とすることになります。交流で大事なことは互恵性です。年間計画の見直しの視点としては、相互に子どもの育ちがあったか、保育者や教員にとっても子ども理解が深まったか、指導力の向上につながったかなどの視点から年間計画の評価・改善を行うとよいでしょう。

交流の事前準備のために配布するプリントの例

幼稚園児と5年生の交流を始めるにあたって

5年　　組 名前

【幼稚園児のイメージは?】

（予想して、後で確かめてみよう）

◯体つき（年長ゆり組）　平均身長（　　　　cm)、体重（　　　　kg)

> 後日掲示板に正解を張り出す。計算を誰かにやってもらう

◯身の回りのこと、遊びのこと、気持ちのコントロール、聞くこと・話すこと

できるだろう	分かるだろう	好きだろう
できないだろう	**分からないだろう**	**嫌いだろう**

> たとえば、着替え、食事の準備、手洗い、腕まくり
> 鬼ごっこで捕まったときの気持ちの切り替え
> 通じる言葉と通じない言葉

※個人差が大きい。

【自分が4～5歳だった頃は?】

◯おもしろかったこと、印象深く覚えていること・・・

◯悲しかったこと、残念だったこと・・・

> 一緒にしてみたいことにつながるようなことを考えて、逆に気をつけたほうがよいことを考えるヒントになるように

【交流を前に今、考えていること】

・

・

> 不安や疑問に思うことがあったら、遠慮せずに聞くこと。アドバイスも援助もできる。自分から積極的に働きかけよう！

≪初めて出会うときに気を付けること、気をつけてほしいこと≫

※

> 挨拶。体格から考えて。気持ちの面でも考えて。基本情報の交換（掲示板）

※

> 憧れの先輩でもあり、手本になるような行動をごっこ遊び、スキンシップを

≪楽しいが基本、そして…≫

・やさしい笑顔と言葉で、楽しい時間を共有しましょう。体を動かすのは心です。
・『楽しい』のためのヒント
「つもり」の動きや「うそっこ」、「繰り返し」と「意外性」、「笑顔」と「安心感」
・何のために交流するのか？　考えたり工夫したりすることを楽しんでみよう。

> 勉強の一環であることを忘れずに。園児にもねらいがあり、学び合っている

≪今後の交流に向けて≫

・お互いに楽しく、無理なく、そして学び合える交流を！
・昼休みの交流≪当番活動を手伝う・教える、一緒に遊ぶ、先生の手伝いをする≫
※状況に応じて、自分で気づいたこと・できることをする。
・お互いの掲示板で知らせ合いましょう。

> 状況を判断して自分で考える

> 幼稚園職員室前の掲示版
> 小学校職員室前には園だよりも

幼保小の
架け橋プログラム

保育者と小学校教員の交流、幼児と児童の交流

【事例】日常的な連携に支えられた交流活動

東京都港区立高輪幼稚園

港区立高輪幼稚園では、地域との連携に加え、すぐ隣にある高輪台小学校との交流活動を行っています。ここでは特に小学校5年生が自分で選んだ絵本を園児に読み聞かせる「読み聞かせの会」の実践を紹介します。

※この事例は、筆者が園長を務めていた数年前の事例をもとに紹介しています。

1 校区の特色

港区立高輪幼稚園（以下、当園）は、赤穂浪士で有名な泉岳寺の近く、高台にある二本榎通りから国道1号線に下りる桂坂の途中にあります。江戸時代の古地図を見ると泉岳寺をはじめ、寺社や武家の下屋敷が多い地域です。今もその名残があり、歴史的な建物も多く、地域の歴史的文化的な魅力を保育に生かしていくことができる地域でもあります。近年は、高輪ゲートウェイ駅の開業もあり、高層住宅も増えてきています。

町会の活動やPTA活動も活発で、地域と園や学校の連携が充実している地域でもあります。地域の方々の清掃活動がもとになった、桂坂に花を植える「桂坂花いっぱい活動」という取組に多くの方々が関わっており、幼稚園もその中で地域の小学校、保育園、警察、消防の方々などとの関わりを深めています。

2 交流の目的

当園のすぐ隣には、港区立高輪台小学校があり、さらに高松中学校、白金台幼稚園、白金小学校も含めて、高松アカデミーとして地域の子どもたちを長いスパンで見守り育てていくことを目指しています。幼小の連携に関しては、日常的に学校の昼休みの時間に校庭を利用したり、計画的に交流活動をしたりすることもできています。

交流活動では、小学校の校長先生に入学を控えた年長児の保護者向けに講演会をしてもらったり、学校のプールに年長児が5年生と一緒に入らせてもらったりするなど、さまざまな取組を工夫しています。小学生の給食の時間帯に校庭を自由に使わせてもらう「ランランタイム」を園児たちは楽しみにしています。

幼小中合同交流会の様子

はじめての交流は5年生に幼稚園に来てもらいました。自分たちのいつもの部屋なので、あまり緊張せずに小学生と関わって、絵本の読み聞かせを楽しむことができました。

年間計画例

月	計画の内容
4月前準備	年間計画の作成
4月	年間計画の確認
5月	小学校の校庭の利用
6月	小学校の運動会の観戦（教員）
7月	５年生の絵本の読み聞かせ（幼稚園にて） 小学校のプール体験５年生と一緒
8月	
9月	
10月	
11月	アカデミーあいさつ運動 アカデミー研究保育 小学校合唱発表会の参観
12月	５年生との交流・読み聞かせ 体験給食
1月	小学校校長先生による保護者向け講演会
2月	Ｉ年生との交流・体験授業
3月	進学児の情報交換

（年間計画の作成）主に交流・連携活動を実践した年長担任（幼小連携担当）からの提案をもとに、年度末の園評価・反省で成果と課題を洗い出し、年間計画の修正案を作成していく。小学校との交流の基本方針については管理職同士で大枠を合意しておく。

（小学校の校庭の利用）年間計画作成の時点で、小学生が給食を食べている時間帯には自由に校庭を貸してもらう了解を取っておく。借りる際にはまず園長が職員室に声をかけるが、そのたびに校長先生などが顔を出してくれ、子どもたちにも声をかけたり、学校の様子を教えてくれたり次の交流活動の話をしてくれたりする。給食が終わるタイミングで園に帰るが、その際に、校庭に出ていく小学生の中に修了児やきょうだいがいてお互いに声をかけ合うこともできる。

（５年生の絵本の読み聞かせ）小学校教師と保育者の事前打ち合わせの中で、幼児の傾向などは知らせるが、絵本の選択などは各児童が自分自身の幼児期の記憶や弟・妹の様子などを参考に、学校の図書室で絵本を何冊も選んで、いろいろと試し読みをして当日に臨んでくれている。

（アカデミーあいさつ運動）港区では、中学校区にある幼小中を一つのまとまりとして、○○アカデミーと呼んで、幼・小中一貫教育の推進を図っている。高輪幼稚園は白金台幼稚園、白金小学校、高輪台小学校、高松中学校とともに高松アカデミーに属しており、アカデミーの幼小中が、場所は離れていても同じ時期に同じ取組をすることで、一体感をもって、連携を図っていこうと、朝のあいさつ運動を行っている。

（進学児の情報交換）幼稚園側から日程調整をして、小学校が新1年生の学級編成を行う前に、進学する幼児の様子を1年生の担任や養護教諭に伝える。幼児だけでなく、保護者についても配慮するべきことなどを伝える。

小学校での読み聞かせ

5年生との交流も、2学期になると小学校に出向いて小学校の中を案内してもらった後、5年生の教室などで絵本を読んでもらいました。

きょうだいが通っている子をはじめ、子どもたちは小学校に行くことに憧れ、楽しみにしています。小学生にとっても、小さい子たちと関わることで優しい気持ちを抱いたり、みずからの成長を実感する機会となっています。

3 5年生の「読み聞かせの会」の実践

① 「読み聞かせ」の計画

前年までは、小学校に園児が出向き、5年生と交流する中で読み聞かせをしてもらっていましたが、事前の打ち合わせの中で、1回ではもったいなく、できれば2回実施すると、1回目の反省を生かして改善することができるという意見が出ました。1回目の交流後の振り返りで、小学生自身としても「もっとこうすればよかった」という反省を多くの子が出していたそうです。

それを受けて、幼稚園としても、最初は園児が小学校に行くよりも、小学生の方から自分たちの慣れた場所である幼稚園に来てもらう、という方が安心して関わることができるのではないかということになり、協議の結果、2回行うことになりました。1回目を7月に行うことにし、事前に名簿を交換してグループ分けをしました。

1年生の授業見学

教室の後ろから、1年生の授業の様子を静かに見せてもらいます。学校の授業ってこんなふうに進めるんだと雰囲気を感じます。

② 「読み聞かせの会」の実施

子どもたちは朝から自分たちの遊びを楽しみながら、時間になると「読み聞かせの会」を楽しみにする姿があり、そろそろ5年生が来てくれる時間となると、遊んでいたところを片付けて、そわそわしていました。

遊戯室に集まったところに5年生が来てくれて、最初の挨拶をして、今日の時間の使い方を確認します。その後、グループ分けをして打ち合わせした5歳児と5年生、2～3人が一緒に手をつないでそれぞれの場所を探しに出掛けました。

なるべく落ち着いて絵本の読み聞かせができるように、それぞれのグループがいくつかの部屋に移動しました。ゴザを敷いて座るグループ、椅子に座って寄り添うグループ、絵本コーナーのベンチに一緒に座るグループなど、それぞれです。

③ 「読み聞かせの会」の評価と改善

読み聞かせる絵本は、5年生

自身が選んできたものでしたが、物によっては読み聞かせには難しい絵本もありました。小学生に読んでもらうということ自体を喜んでいる子も多いのですが、こんな絵本が5歳児には読みやすいなどということは事前協議の中で伝えておくとよいかもしれません。

園児の前に座って正面から読み聞かせるグループ、隣に座って読むグループに分かれます。読み聞かせの方法についても、学校で指導してきてもらう内容について情報交換を丁寧にする必要があるかもしれません。

ランドセルには何が入っているの？

ランドセルを持って来てもらって、ランドセルの中身を見せてもらったり、背負わせてもらったり、特別な体験です。

④成果と課題

交流が終わって玄関まで小学生を見送る際、最後に握手をしたり抱っこしてもらったりする子どもの姿が見られたことから、短い時間の中で幼児にとっても児童にとっても心を通わせることができる親しい存在ができたことに大きな意味があると感じました。その後の別の交流場面や校庭に出掛けた際に、「あのときのお兄ちゃんだ」「また今度遊びに行くね」などとお互いに顔を見合わせて声を掛け合う場面も見られるようになり、お互いに親しみをもつきっかけになったと思われます。

教師同士も、この会をきっかけに日常的に行き来することが増えました。修了児のことや幼小にきょうだいで在籍する子どものこと、保護者のことなどを話題にすることも増え、相互の教育活動への関心が高まってきました。

計画から実施に至るまでは交流する年長の担任が、事前に5年生の担任と電話やファックスで資料のやり取りをし（ただし名簿の交換や指導案の確認は直接行き来をした）、打ち合わせを行いました。

事後の反省については、じっくりと時間を取ることは難しかったものの、交流場面で気づいたことを伝え合い、改善案について話題にして、すぐに年度内にもう一度読み聞かせの会をもつことにしようということになった年もあります。

ワンポイントアドバイス

元 港区立高輪幼稚園 園長
新山裕之

この実践をしていた頃は、比較的交流の条件が整っており、それまでの積み重ねもあり、教職員同士の交流もしっかりできていました。その土台づくりの中心となるのが園長の大きな役割です。現在は近くに高輪ゲートウェイ駅ができ、周辺環境も変化して、交流や連携の基盤となる状況が変化していますが、できる範囲で交流連携を続けています。

保育者と小学校教員の交流、
幼児と児童の交流

【事例】隣接する小学校との連携と交流

東京都港区立青南幼稚園

港区立青南幼稚園では、隣接する青南小学校との連携と交流が長年継続しています。日常的な施設の利用のほか、計画的な交流活動も実施しており、幼小連携の組織や役割分担もほぼ整っています。

1 校区の特色

港区立青南幼稚園（以下、当園）は、表参道駅から徒歩7～8分のところにあります。表通りには高級ブランドのブティックが並び、美術館なども徒歩圏内にあります。しかし、一つ通りを入ると、たくさんの木々に囲まれ起伏に富んだ土の園庭では、子どもたちが草花を使ったごっこ遊びや砂遊び、鬼ごっこなどを楽しんでいます。かつては校長が園長を兼務していた青南小学校がすぐ隣にあり、小学校の第2屋外運動場は、小学生が使わない時間帯には幼稚園も頻繁に使わせてもらっています。

青山・表参道は、町会、商店会、地区委員会などの地域の方々が連携を取りながら活発に活動していている地域でもあります。幼稚園・小学校ともに、昔遊びの会や地域の歴史を学ぶ授業などでは民生委員や地域の商店の方などが積極的に参加してくれ、地元の幼稚園や小学校を誇りに思い、大事にし、応援してくれています。

2 交流の目的

当園の隣には、港区立青南小学校があり、さらに地域の中学校である青山中学校と青山小学校も含めて、青山アカデミーとして地域の子どもたちを長いスパンで一貫した教育方針で育てていくことを目指しています。異校種の先生方が共通のテーマをもって研究保育や研究授業や研究協議会実施しています。

幼小の連携に関しては、日常的に学校の昼休みの時間に第2屋外運動場を借りて運動遊びなどで利用しているほか、計画的に交流活動をしたりすることもできています。小学校の生活科の授業の一環として、七夕の頃に交流活動をしたり、秋祭りへの参加、幼稚園の作品展が終わった後に鑑賞に来てもらうことなどもできていました。きょうだいが小学校に通っている子どもも多く、多くの子どもたちが進学する小学校です。計画的な交流活動を通して、園児が小学生や先生、小学校の施設に対して親しみをもち、入学に向けて不安を和らげ、安心して入学を迎えることができることを目指しています。教師同士がお互いの教育内容を知り、指導を学び合うことでそれぞれの指導力を高めるための機会ともなっています。

年間計画例

月	計画の内容
4月前準備	年間計画の作成
4月	年間計画の確認、再調整 入学後の様子について情報交換
5月	小学校の運動会の観戦（教職員） アカデミー研究協議会
6月	保幼小合同研修会
7月	
8月	
9月	アカデミー研究授業・保育、研究協議会
10月	I 年生の秋まつりに参加
11月	幼稚園の作品展を I 年生が鑑賞
12月	
1月	
2月	I 年生の授業見学、体験給食
3月	

主に交流・連携活動を実践した年長担任（幼小連携担当）からの提案をもとに、年度末の園評価・反省で成果と課題を洗い出し、年間計画の修正案を作成していく。小学校との交流の基本方針については管理職同士で大枠を合意しておく。

港区では、中学校区にある幼小中を一つのまとまりとして、○○アカデミーと呼んで、幼小中一貫教育の推進を図っている。青南幼稚園は青南小学校、青山小学校、青山中学校の３校とともに青山アカデミーに属しており、アカデミーの幼小中で、１年間共通のテーマで研究を行っている。その中で、それぞれの園・校で研究保育や研究授業を行い、全教員が３つの部会（幼稚園・低学年、小学校中学年、高学年・中学校）に分かれて参観し、研究協議会を行っている。

１年生が生活科の授業の一環として、グループ毎に自分たちで考えて作った遊びのコーナーに園児などを招いて遊ばせてくれる取組。小学校としては、保護者向けの参観日も兼ねており、修了した１年生の保護者と久しぶりに顔を合わせる機会ともなっている。

相互の行事に直接、間接的に参加することで、教師自身がお互いの教育内容や指導法を知る機会となっている。秋まつりには幼稚園から訪問するが、その後、幼稚園では作品展がある。当日に来園してもらうことは難しいため、後日、１年生に分散して鑑賞に来てもらっている。小学校の先生からは、幼稚園が遊びの中からイメージを広げて協同制作につなげていく工夫などについて共感してもらうことが多い。

１年生の授業の様子を後ろから見せてもらったり、机に座らせてもらって字を書いたり、学校の様子を紹介してもらったりする。配膳の仕方なども教えてもらい、１年生と一緒に給食を食べさせてもらう。

3 「体験授業」の実践

①「体験授業」の計画

3学期、1年生は生活科の一環として、幼稚園は入学への期待を高めることをねらい、園児が小学校を訪問する交流活動を計画しています。

事前に年長組担任と1年生の担任とで打ち合わせをします。授業の進め方などを聞き、幼稚園としての指導案を作成し、担当者同士で名簿の交換や細かい打ち合わせを行います。

ねらいや指導内容は同じでも、学級によって、少しずつ進め方ややり方が違うこともあります。学級の実態や担任の先生の経験や工夫によっての違いはあり、それにも臨機応変に対応できるようにします。学級数が多い場合は、園児をいくつかのグループに分けて、1学級に7～8名ずつ訪問して、1年生と関わることもあります。

②「体験授業」の実施

小学校の正門で、警備員さんに挨拶をすると優しく声を掛けてもらいます。玄関で園長が職員室に声を掛けに行くと、校長先生が出てきてくれて、また歓迎の言葉をもらって、あいさつをしてから2階の1年生の教室に向かいます。

教室に行くと、黒板に「ようこそ、青南小学校へ」とウェルカムメッセージを書いてくれており、交流の会の進行を1年生の代表の児童が進めてくれます。担任の先生から、1時間の流れを教えてもらい、最初は授業の様子を後ろで見せてもらいます。教科書やノート、筆箱の置き方や黒板の板書を見てノートに写す様子など、小学校の授業の様子を見て納得する様子がありました。

授業の後半には、名前を書く用紙を用意してくれていて、1年生の席に座らせてもらい、ひらがなの手本を見ながら、鉛筆を持って自分の名前を書かせてもらいました。横にお手本の字を書いてくれる子や鉛筆の持ち方を教えてくれる子もいます。書き終わったら、用紙の余白に絵を描いたり塗り絵をしたりできるスペースがあり、早く書けた子は小学生から借りた色鉛筆で好きな絵を描いたり塗り絵をしたりして楽しんでいました。

③「体験授業」の評価と改善

4月に入学した際に1年生の世話をするのが6年生であることから、以前はこの時期には主に5年生と交流していました。しかし、年間の予定を考える会の中で、小学校での授業の様子を知るには年齢の近い1年生の方が適しているのではないかという話が出たため、この年の授業体験は1年生との交流となりました。実際に1年生の中には、去年まで幼稚園にいた先輩もおり、園児も親しい気持ちがもてていたようです。1年生にしても、自分たちが今年授業で学んできたことを1つ年下の子たちに教えることで交流の意識をもちやすかったようです。

教科書やノート、筆箱などを見せてもらったり、ランドセルを背負わせてもらったりすることもでき、1時間だけではありましたが、小学校での授業や生活の様子を体験することで学校への不安を期待に変えることができました。

複数学級での実施だったため、学級毎に少しずつ進め方に違いがあり引率した保育者が戸惑うこともありましたが、ねらいを共通にすることで、方法については多少の差があっても柔軟に対応することが必要であると感じました。

④実施後の反省

実施後、すぐに反省会をもつことが理想ですが、実際にはなかなか日程が取れないことが多いのが現実です。まとまった時間を取ることが難しい場合でも、ちょっとした連絡事項を電話ではなく、足を運んで職員室に顔を出して、交流で関わった先生と話をする機会がもてるように心掛けています。そのような機会に、お礼を伝えたりその後の様子を伝えることで、小学校側からもその後の様子を聞くことができたり、次回以降の改善策が出てきたりすることがあります。

そのようなやり取りを受けて年度末が近づき、次年度の計画について相談する会をもちます。幼稚園としては、5年生との交流と1年生との交流のどちらが幼児にとってふさわしいかを考えていましたが、小学校の先生たちと意見交換する中で、次年度以降、1年生との交流を中心に進めていくことを共通理解しました。

屋上は広くていい眺め！

小学校の中を探検させてもらった際に、屋上にも行きました。青空の下、広い屋上でかけっこを楽しみました。

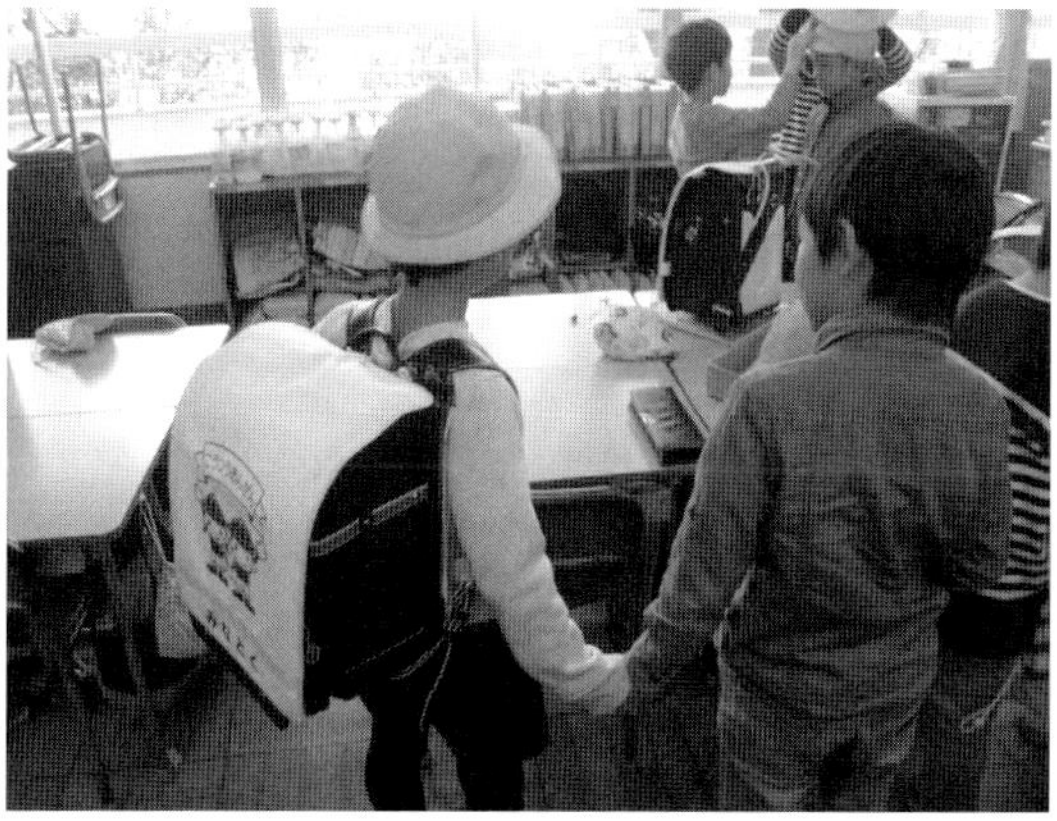

気分はすっかり1年生

お手本を見て名前を書く体験をさせてもらったり、ランドセルを背負わせてもらったりして1年生になった気分です。

校長先生にもご挨拶

小学校探検の途中に校長先生が優しく声を掛けてくれたお陰で、より小学校に親しみをもつことができました。

ワンポイントアドバイス

港区立青南幼稚園
園長
新山裕之

地域の子どもたちを長いスパンで育てていく仲間として交流・連携、研究も一緒に進めてきています。それでも、小学校は教育課題が増え、連携する対象の幼児教育施設も増えています。そのなかで、公立幼稚園は、その連携の中核となって、幼小連携・接続のモデルを示していくことが使命となるでしょう。

幼保小の
架け橋プログラム

保育者と小学校教員の交流、
幼児と児童の交流

【事例】小学校の併設園としてのメリットを生かした実践

東京都港区立赤羽幼稚園

港区立赤羽小学校の併設園である赤羽幼稚園では、小学校との日常的な交流が継続しています。さらに、研究も連携してできているメリットを生かした実践に取り組んでいます。

※この事例は、筆者が副園長を務めていた当時の事例をもとに紹介しています。

1 校区の特色

港区立赤羽幼稚園（以下、当園）は、赤羽小学校との併設幼稚園です。園があるのは東京タワーの近くで、都心の幹線道路にも囲まれている一方、周囲には大きな病院や高校、大学、大使館などもあり、その敷地の中に大きな木々があり、豊かな自然が残されている地域でもあります。近年は、マンションの建設なども あり、高層住宅が増えています。町会活動やPTA活動も活発で、地域が園や学校を応援してくれています。

2 交流の目的

当園は、赤羽小学校の併設園であり、校舎の中に幼稚園があります。校長が園長を兼務しているため、校舎や校庭で小学生の姿を見る機会もあり、休み時間に気軽に顔を見せてくれたり、行事も一緒に行ったりするなど日常的に交流する素地ができています。その中で、Ｉ年生、5年生との交流を中心に小学校を身近に感じたり、人と出会い親しくなるうれしさを感じ、安心して自分の思いを出して人と心を通わせる喜びを味わうことを目指しました。

この事例は、筆者が副園長として本園に勤務していた頃のものです。この頃、小学校と一緒に、幼小連携も含めた研究をしており、交流と連携については、さまざまな取組をしていました。併設園であり、小学校の朝会に園からも代表が参加して情報共有したり、園の行事に小学校の教員が協力してくれたりすることも多く、日常的にも行事においても、情報交換を深め、連携や交流活動を推進することができていました。

とはいえ、交流や連携を進める上では、事前の計画がとても重要となります。低学年との交流と高学年との交流では、ねらいも異なります。低学年では、小学校を身近に感じたり、近しい存在への憧れや就学への期待を抱いたりすることがねらいとなります。高学年との交流のねらいは、優しくしてもらったり教えてもらったりする中で、人と出会い親しくなるうれしさを感じ、安心して自分の思いを出しながら人と心を通わせる喜びを味わうことです。それらの点を小学校の教員とも共通理解しながら、年間を見通した計画を立てることが大切です。

年間計画例

月	計画の内容
4月前準備	年間計画の作成
4月	出会いの会の打ち合わせ 入学後の様子について情報交換
5月	5年生との出会いの会
6月	
7月	1年生との出会いの会
8月	
9月	縁日ごっこに招待する
10月	1年生の秋フェスタに参加
11月	5年生との交流（絵本の読み聞かせ）
12月	
1月	5年生との交流（学校案内と体験給食）
2月	1年生の授業見学
3月	

（年間計画の作成）主に交流・連携活動を実践した年長担任（幼小連携担当）からの提案をもとに、年度末の園評価・反省で成果と課題を洗い出し、年間計画の修正案を作成していく。小学校との交流の基本方針については管理職同士で大枠を合意しておく。

（1年生との出会いの会）1年生の教室は幼稚園と同じフロアにあり、前年まで幼稚園で一緒に過ごした児童も普段から姿を見ることがあり、親しみは感じている。とはいえ、顔見知りばかりではないので、体を動かす楽しい活動を一緒にする中で親しみをもち、今後の交流のきっかけづくりとなる会として計画した。

（5年生との交流（絵本の読み聞かせ））事前にペアを決めておき、出会いの会を行う。小学生が名刺を作ってきてくれてわかりやすい自己紹介をした上で、幼稚園の保育室や遊戯室の好きなところで絵本の読み聞かせをしてもらう。

3 「1年生との出会いの会」の実践

①「出会いの会」の計画

この年は、5年生との交流を日常的に行っており、昼休みに園児と一緒に遊んだり、当番の手伝いをしてくれたりしていましたが、それに加えて、1年生との交流を始めることにしました。1年生の教室は、幼稚園の保育室と同じ1階で、幼稚園の玄関と保健室を挟んだところにあります。日常的に校舎や校庭での小学生の姿を見る機会もありますが、前年まで園児だった修了児もいるため、特に1年生には深い親しみをもっています。

年長の担任と1年生の先生とで、交流について協議したところ、園児と1年生であれば、体を動かす活動であればお互いに無理なく楽しめるのではないかということになりました。そこで、1学期の運動会で1年生が競技として楽しんだ「ダンシング玉入れ」を体育館で一緒に楽しめるようにしようと計画しました。

ダンスだけでは物足りないのではないかと相談して、1年生が体育の授業でやっているボール運びゲームならば、園児も一緒にできるであろうと活動の中に組み込むことにしました。

②「出会いの会」の実施

小学校の運動会には幼稚園も参加しており、1年生の「ダンシング玉入れ」も、全員ではないものの、子どもたちが実際に見ています。それでも、いきなり「出会いの会」を迎えるのではなく、行き来しやすい環境を生かし、事前に小学校の昼休み

出会いの会：始めのあいさつ

いよいよ出会いの会当日。体育館に園児と1年生が集合して、幼稚園の先生と小学校の先生両方から話を聞きました。

1年生にダンスを教えてもらおう

休み時間に1年生が運動会のダンシング玉入れのときに踊ったダンスを教えに来てくれました。先生も一緒に楽しそうです。

出会いの会の流れについて

目　的：	**1年生**　園児との関わりを通して人と関わる喜びを味わう。 **幼稚園児**　知っているゲームを1年生と一緒に楽しむことを通して1年生への親しみや憧れと就学への期待をもつ。
10：25	体育館に集合する 始めのあいさつ（幼稚園、小学校それぞれの先生から話を聞く） 混合のチームに分かれる ボールと縄跳びを使ったリレーをする ダンシング玉入れをする
11：10	終わりのあいさつ

に1年生の有志に幼稚園に来てもらい、玉入れで踊るダンスを教えてもらう機会を数回もてるようにしました。

当日は、朝から「出会いの会」を楽しみにする姿があり、時間に合わせて準備を整えて体育館に行くと、特に年長児は去年まで一緒に過ごした1年生もいて、とてもうれしそうにしていました。

園児も一緒に参加しやすいボール運びゲームでは、1年生と園児がペアになって一緒に運ぶときには、1年生が外側を回ったり、こぼれたボールを取りに行ったりする姿が自然に見られました。

ダンシング玉入れは、最初に1年生にダンスや玉入れの様子を見せてもらってから行いました。いざ一緒にする際には、1年生の動きをよく見てまねして動く姿が見られました。

③「出会いの会」の評価と改善

日常的に関わりがもてる関係性を生かして、出会いの会の前に、休み時間にもダンスを教えてもらう機会をもったことは、この会への動機付けにもなりました。初めてではないことで、第1回目の交流の場であったものの、緊張することが少なく済んだことは大きな成果でした。

改善点としては、玉入れに加えて行ったボール運びゲームで、ただただ1年生にリードされただけで終わってしまったペアもみられたことです。4歳児にとっては、1年生と一緒であっても少し難しかったと思われます。

ダンシング玉入れ

いよいよ、お楽しみのダンシング玉入れです。休み時間に教えてもらったダンスを踊っている途中で曲が止まったら、すぐに玉入れです。がんばれ！

ボール運びゲーム

まずはペアの園児と小学生とで縄を使ってボール運び。慌てると運べませんから声を掛け合い、息を合わせながらそうっと運んでいました。

ワンポイントアドバイス

元 港区立赤羽幼稚園
副園長
新山裕之

日常的な交流では、休み時間に幼稚園に来た児童との関わりでのよい姿などを報告したり、逆に児童からの声を聞いたりすることで互恵性を感じられる工夫が大事です。

幼保小の
架け橋プログラム

5歳児終わりの教育課程
（アプローチカリキュラム）

5歳児終わりの教育課程作成の実際とポイント

小学校への教育の接続を考えた教育課程を編成するには、新たなものをつくり出すのではなく、今ある園の教育課程を「接続」の視点で見直すことが大切です。

1 教育課程とは

教育課程とは、学校（園）が子どもたちや地域の実態を捉え、子どもたちの育ちへの願いを込めた教育目標の達成に向けた教育の道筋のことです。幼稚園の教育課程は、幼稚園教育要領に則り、園の目標に向かって、子どもたちの興味や関心に基づき、無自覚でありながらも自発的な学びとなる心身の発達を促す経験をどのように積み上げたらいいかということを示した全体計画です。

2 幼稚園教育要領の改訂の意図を理解する

平成30年改訂（定）の幼稚園教育要領等では、幼稚園教育と小学校教育の接続が強く打ち出されました。幼児教育では子どもたちの中に育っているものがわかりにくいと言われてきましたが、小学校以降の先生や保護者、地域の方にわかっていただく視点として「幼児期の終わりまでに育ってほしい姿」が明記されたのです。

教育の基本は「環境を通して」「自発的な活動である遊びの中で学んでいる」ということは不易として継承されています。そして「幼児期の終わりまでに育ってほしい姿」は新しい言葉ですが、不易に対する流行としてではなく、不易を支え、充実させるものではないかと考えました。つまり、小学校教育への教育内容の接続を考えるためには新しい何かをつくるのではなく、今、園にある教育課程を活用して、園でしていることを「幼児期の終わりまでに育ってほしい姿」の視点を生かして説明することが必要だと思いました。

3 作成による成果

5歳児の教育課程と「幼児期の終わりまでに育ってほしい姿」を結び付けて5歳児の教育課程を見直してみました。つまり、小学校教育を視野に入れた5歳児の教育課程といえるかもしれません。それが表1です。すると、ねらいの一つ一つにさまざまな「姿」が結び付き、この姿は個別に取り出して指導するものではないということや、すべての姿を均等に割り振ることでもないこと、到達目標ではないと言われる意味が分かりました。「幼児期の終わりまでに育ってほしい姿」の中で多い姿は自園の特徴なのか、少ない姿は書き忘れなのか、自分たちの保育の偏りなのかを確認できると思いました。なぜ多いのか、なぜ少ないのかを園内で話し合うことで見えてくるものがあると感じました。

たとえば、表1を見ると、「数量や図形、標識や文字などの関心・感覚」が多くあります。それは、小学校の前倒し教育として扱われやすい分野なので、自園はその経験をさせようとしていたのではなく、子どもたちは日常の生活や遊びの中で、数や文字に親しんでいることを伝えたいという私個人の思いがあります。また、「言葉による伝え合い」がほとんどねらいに関連付けられていません。子どもたちの実態から、自分の思いを言葉で伝えることや友達同士で思いを出し合い、ときにはもめながらも自分の思いを言葉で伝え相手の気持ちを聞くことに力を入れている先生方の日頃の姿、週案や記録の内容が思い浮かび、園の重点になっていると思いました。

また、見直してみると、どの時期にも必ず書いてある姿と、期によって書いてあるときと書いていないときがある姿にも気づきました。記載の少ない姿もありました。「幼児期の終わりまでに育ってほしい姿」は、満遍なく見られるものではありません。しかし、書いてないということは、その時期には必要ないからなのか、必要なのにやっていなかったから書いてないのか、やっているのに文章化していないのか。前の期ではどうなっているのか、前の学年ではどうだったか、と3年間の教育内容を見直す機会となりました。

「幼児期の終わりまでに育ってほしい姿」は、小学校に幼児教育での子どもの育ちを理解してもらう視点であると同時に、自園の教育が小学校につなげるに値する内容であるかの見直しにもなり、園の教育の質の向上につながると実感しました。

それぞれの園において、5歳児の教育課程と「幼児期の終わりまでに育ってほしい姿」を結びつけて作成してみると、新たな視点で教育課程を見直すことにつながるのではないかと思います。

4 新たな取組に向けて

「幼児期の終わりまでに育ってほしい姿」を園内で共通理解するため、自分たちの園の教育が小学校につながっていることを理解するためには、保育者全員で取り組むことが大切です。誰の考えが正しいかと園としての結論を出すためというよりも、なぜ、その姿と結び付くと考えたのかという話し合いが重要です。保育者一人一人のさまざまな感じ方・考え方を出し合うことで、目の前の子どもたちの理解が深まり、共有できます。教育課程の読み取りや「幼児期の終わりまでに育ってほしい姿」の理解も深まっていきます。「そういう捉え方もあるか」と考えの幅を広げたり、「そういうことなら、新たなねらいや内容が必要なのではないか」と改善したりすることで、他者に説明する力もつき、園の教育の質が向上していくと考えます。

「自然との関わり・生命尊重」「数量や図形、標識や文字などへの関心・感覚」「言葉による伝え合い」「豊かな感性と表現」

III期（9月上旬～10月中旬）	IV期（10月中旬～12月下旬）	V期（1月上旬～3月中旬）
友達と共に遊びや生活を進めていく中で、自分なりの目標に向かって挑戦して力を伸ばし、発揮していく時期	友達関係を深め、共通の目的に向かって自分の力を十分に発揮したり互いのよさを受け止めたりしながら、自分たちで遊びを進めていく時期	一人一人が自己肯定感や自信をもち、互いのよさを認め合いながら、自分たちで遊びや生活を進めていく時期
○夏休み中の経験を自信にして遊びに取り組み、友達の刺激を受けながら、自分の力を試したり繰り返し挑戦したりして満足感や達成感を味わい、さらに力を発揮しようと意欲的になる。 ○友達とのつながりが強くなってきて、仲間同士で励まし合ったり教え合ったりする。できるようになったことを共に喜ぶなど仲間としての意識が高まっていく。 ○生活の流れが分かってきて、大まかな見通しがもてたり、一日の生活を自分たちで進めたりできるようになる幼児が多い。	○友達と役割を分担したり考えを出し合ったりしながら、共通の目的を見出して遊びを進めるようとしている。 ○学年、学級、グループの課題に対して、一人一人が力を出して協力して取り組むようになる。 ○生活の仕方を自分たちで考えてやっていこうとする。友達の姿に刺激を受けて行動する幼児もいる。	○いろいろな場面の中で、興味や関心をもって追求しながら意欲的に取り組み、やり遂げる満足感や自信がもてるようになる。 ○友達と共通の目的をもち、互いのよさや力を生かしながら遊びを進めようとする。 ○学級や学年の集団の中で自分たちの力を伸び伸びと発揮し、見通しをもちながら自分たちで生活を進め、幼稚園生活を十分に楽しむようになる。
○自分なりの目標をもって挑戦したり、友達の中で自分の力を発揮したりして、満足感や達成感を味わう。 「健康な心と体」「自立心」「数量や図形、標識や文字などへの関心・感覚」「言葉による伝え合い」 ○友達の思いや考えに気付き、一緒に遊びや活動を進めていく楽しさを味わう。 「健康な心と体」「協同性」「道徳性・規範意識の芽生え」「思考力の芽生え」「数量や図形、標識や文字などへの関心・感覚」「言葉による伝え合い」「豊かな感性と表現」 ○学級や学年の課題を受け止め、イメージや力を出して取り組み、一体感や楽しさを感じる。 「協同性」「道徳性・規範意識の芽生え」「思考力の芽生え」「言葉による伝え合い」「豊かな感性と表現」 ○自分たちで生活を進めていく気持ちをもち、できることを進んでしようとする。 「自立心」「数量や図形、標識や文字などへの関心・感覚」「言葉による伝え合い」 ○自然物との関わりや栽培物の収穫などを通し、身近な自然に親しみをもったり季節の変化を感じたりする。 「自然との関わり・生命尊重」「言葉による伝え合い」「豊かな感性と表現」	○自分の目標をもち、考えたり挑戦したりするなど力を発揮しながら活動や遊びに取り組み、最後までやり遂げた満足感を味わう。 「健康な心と体」「自立心」「数量や図形、標識や文字などへの関心・感覚」 ○友達と共通のイメージをもち、考えや力を出し合って遊びを進める楽しさを味わう。 「健康な心と体」「協同性」「道徳性・規範意識の芽生え」「思考力の芽生え」「数量や図形、標識や文字などへの関心・感覚」「言葉による伝え合い」「豊かな感性と表現」 ○学級や学年の課題に取り組む中で見通しをもち、自分の役割を意識したり友達と協力したりして力を発揮し、達成感を味わう。 「自立心」「協同性」「道徳性・規範意識の芽生え「言葉による伝え合い」「豊かな感性と表現」 ○自分たちで生活に見通しをもち、必要なことに気付いて進めていこうとする。 「自立心」「数量や図形、標識や文字などへの関心・感覚」「言葉による伝え合い」 ○季節の変化に気付き、様々な方法で関わったり表現したりして楽しむ。 「自然との関わり・生命尊重」「言葉による伝え合い」「豊かな感性と表現」	○自分の目標に向かって取り組み、やり遂げた満足感を味わう。 「健康な心と体」「自立心」「数量や図形、標識や文字などへの関心・感覚」 ○友達とのつながりの中で、互いのよさを認め合いながら遊びを進める。 「協同性」「道徳性・規範意識の芽生え」「思考力の芽生え」「言葉による伝え合い」「豊かな感性と表現」 ○学級や学年の課題に取り組む中で見通しをもち、自分の役割を意識したり友達と協力したりし、満足感や達成感を味わう。 「健康な心と体」「協同性」「思考力の芽生え」「言葉による伝え合い」「豊かな感性と表現」 ○自分たちの生活の流れが分かり、小学校生活に期待しながら修了までの見通しをもって積極的に遊びや生活に取り組む。 「自立心」「社会生活との関わり」「数量や図形、標識や文字などへの関心・感覚」「言葉による伝え合い」 ○自然の移り変わりに興味をもち、気付いたこと考えたことを友達と伝え合う。 「思考力の芽生え」「自然との関わり・生命尊重」「言葉による伝え合い」「豊かな感性と表現」
○自分なりの目標をもってイメージを実現したり、繰り返し楽しんだりできるような材料、遊具、用具などを用意する。 ○友達の動きに刺激を受けながらいろいろなことに挑戦する気持ちをもち、自分なりの課題に取り組み、葛藤を乗り越えていけるように励まし、支える。 ○様々な活動を通して、友達とのつながりや喜びを感じ合えるようにする。 ○一日の予定や行事に向かっての活動の予定など、生活の流れを幼児が感じ取れるように工夫し、期待をもって取り組めるようにする。	○思いを実現するための方法や特性を生かして使えるような様々な教材を準備し、表現方法の幅を広げる。 ○個々が友達の中で力を発揮できるように、力関係を調整し互いのよさが認められるようにしていく。 ○見通しをもって自分たちの遊びや課題活動が進められるように、方法を共に考えたり調整したりする。 ○生活や時間の流れを自分たちのこととして受け止め進めていかれるように、視覚的環境を整え、必要感をもってやろうとしている姿を認める。 ○身近な自然の様子に興味や関心をもち、感動したり自然物を遊びに取り入れられたりできるようにする。	○友達と一緒に取り組む中で自分なりの目標をもち、自分の力を発揮したり工夫したり挑戦したりできるような遊びや活動を工夫したり精選したりする。 ○幼児が見通しをもったり段取りをつけたりして遊びや生活が進められるように、活動や行事の予定を伝えたり相談したりする。 ○幼稚園生活の最後を満喫できるよう、時間を保障する。 ○友達の中でそれぞれのよさや力が発揮され、自分や友達の成長を感じ喜び合うと共に、就学への期待が高まるように、個々の成長を言葉に出して伝える。 ○自然に関心をもち、不思議さを感じたりよりよく見たり考えたりできるよう、情報の発信の仕方や活動の提示を工夫する。
○2学期の大きな行事の中で幼児に育てたいこと、幼児が経験することなどを伝え、成長の様子を学級・学年の保護者同士が受け止め合い、共に喜べるようにする。 ○学年で一緒に活動する場面が増えること、幼児同士の関わりを広げていくことを受け止め、他学級の幼児、保護者との親しみを深めていけるようにする。		○就学前教育としての小学校への接続を意識した幼稚園の取り組みを伝えるとともに、個々や学級・学年の育ちやよさ、課題を共有し、就学への期待につなげていく。

表1　教育課程の例

教育課程　2年保育5歳児

「健康な心と体」「自立心」「協同性」「道徳性・規範意識の芽生え」「社会生活との関わり」「思考力の芽生え」

期	Ⅰ期（4月上旬〜5月中旬）	Ⅱ期（5月中旬〜7月中旬）
意味付け	新しい環境の中で、生活の場や人、物に慣れ、自分たちなりに遊びや生活を進めていこうとする時期	自分のやりたいことを実現する満足感や、友達の中で考えを出し合いながら遊びや生活を進める楽しさを味わう時期
実態	○進級したうれしさから、新しい場や遊具・用具に興味をもち進んで関わったり探索的に遊びを変えたりしている。新しい環境に戸惑い、遊び出しに時間がかかる幼児もいる。 ○友達と遊びたい思いは強くなっているが、それぞれの思いで遊びを進めるため遊びがスムーズに進まない。 ○年長としての意識をもって新入園児に接したり、生活の中でできることを自分たちで進めたりする。	○できることが増えて自信をもつようになると、友達の中で自分の思いや考えを出し、一緒に遊びを楽しむようになる。 ○一人一人が自分の考えを表そうとし、友達関係が変化したり、うまく遊べなかったりすることが起きてくる。 ○学級全体でやることや教師の投げ掛けた課題を受け止め、自分なりに取り組もうとする。 ○学級やグループの一員としての意識や役割をもって生活を進めるようになってくるが、個人差がある。
ねらい	○新しい環境の中で、自分のやりたい遊びや友達との関わりを楽しむ。 「健康な心と体」「自立心」「思考力の芽生え」「自然との関わり・生命尊重」「数量や図形、標識や文字などへの関心・感覚」「言葉による伝え合い」「豊かな感性と表現」 ○学級のみんなで動く楽しさを感じながら、安心感をもったり学級としてのつながりを感じたりする。 「健康な心と体」「自立心」「言葉による伝え合い」 ○年長になった喜びや自覚をもち、進んで行動しようとする。 「自立心」「協同性」「道徳性・規範意識の芽生え」「社会生活との関わり」「数量や図形、標識や文字などへの関心・感覚」「言葉による伝え合い」	○いろいろな遊びに取り組む中で、経験の幅を広げ、繰り返し試したり工夫したりする楽しさを味わう。 「健康な心と体」「自立心」「思考力の芽生え」「数量や図形、標識や文字などへの関心・感覚」「言葉による伝え合い」「豊かな感性と表現」 ○自分の考えを言ったり相手の考えを聞いたりしながら、友達と一緒に遊ぶ楽しさを味わう。 「協同性」「道徳性・規範意識の芽生え」「思考力の芽生え」「言葉による伝え合い」「豊かな感性と表現」 ○個やグループで課題に取り組む中で、自分の力を出したり友達と力を合わせたりする楽しさを感じる。 「協同性」「道徳性・規範意識の芽生え」「思考力の芽生え」「言葉による伝え合い」「豊かな感性と表現」 ○生活の中で必要なことに気付き、取り組む。 「自立心」「数量や図形、標識や文字などへの関心・感覚」「言葉による伝え合い」 ○身近な自然の変化に興味・関心をもったり、動植物に親しみ、特性に気付いたりする。 「自然との関わり・生命尊重」「言葉による伝え合い」「豊かな感性と表現」
教師の役割	○教師や友達に親しみやつながりを感じられるよう、安心して自己を出せるように気持ちを受け入れていく。 ○新しい生活の場が自分たちのものとなるように、扱い慣れた物や扱いやすい物を用意し場の構成を工夫して、物や場の出合い直しを支える。 ○幼児同士の関わりが生み出されるように、仲間になって遊んだり環境を構成したりしていく。 ○気持ちを開放させ、遊ぶ楽しさを十分味わえるよう感触的な遊びを取り入れる。	○自分なりに試したり工夫したりして実現できるようにいろいろな素材や用具を用意する。 ○体を十分に動かしたりダイナミックに素材と関わったりできるようにする。 ○一人一人が自分の力を感じ自信につながるように、挑戦できる活動を提示していく。 ○友達関係にとらわれず、一人一人が葛藤を乗り越えて自分のイメージや考えを実現できるよう、教師も共に考えたり動いたりする。 ○自分の考えを伝えたい気持ちを大事にし、相手に伝わるようにつなげていく。 ○遊びが思うようにいかないことや友達関係がうまくいかないことなどの場面で、様々な感情を体験できるように個々を支え、それに向き合う姿を大切にし、様々なやり方で乗り越えていけるようにする。
家庭との連携	○年長の生活に保護者も期待をもち、幼児の成長を共に支えていく気持ちがもてるようにする。 ○年長の発達の過程や教育活動、就学前教育としての意味合いを伝え、1年間の見通しをもち、成長を楽しみにできるようにする。 ○様々な保育への参加の機会を通して保護者同士が関わりを広げ、他学級の幼児にも親しみをもてるようにする。	

幼保小の
架け橋プログラム

5歳児終わりの教育課程
（アプローチカリキュラム）

【事例】幼小接続を視野にした見直し

各自治体が求める子ども像や接続の視点を理解してカリキュラムを見直すことは、地域の中の自園・地域の連携の意識となります。

1 各行政・自治体の方針

ここ数年、各自治体では、地域の教育・保育の質の向上を目指し、横軸としての幼児教育（幼稚園・保育所・認定こども園）の充実と、幼児教育と小学校教育という縦軸としての教育の連続性を重視しています。その一つとして、各自治体で目指す子ども像を定め、各校（園）にその視点に沿った教育課程・教育計画の作成を求めています。

年度末の教育課程届出の際、教育委員会から幼小の接続を視野に、小学校にはスタート・カリキュラム、幼稚園にはアプローチ・カリキュラムの提出を求められました。「学ぶ力」「人との関わり」「生活する力」の視点は教育委員会が定めたものです。

はじめての提出は幼小の要領の改訂の数年前で、アプローチ・カリキュラムという言葉は小学校の前倒し教育のイメージがしました。小学校に向けて教育をしているのではない。幼稚園でしっかり育てて送り出したい。という自負から、この視点で新しくつくるのではなく、今ある園の教育課程をこの三つに振り分けました。その後、幼稚園教育要領改訂にともない「幼児期の終わりまでに育ってほしい姿」が明示されたので、その姿とのつながりを文末に示すことで、幼稚園でしていることが小学校につながることを教育委員会に向けて示しました（表Ⅱ）。

2 作成による成果

指定の枠に入れてみると、自園は「人との関わり」がとても多い。つまり、友達に向けての自己発揮や意見を出し合い自他を大切にする協同性に力を入れているという特徴が見えました。また、「学ぶ力」の中に自然に直接関わる中での学びが含まれています。特徴は裏返せば、子どもたちの実態からの必要感・課題です。この取組は、教育内容を見直す機会となりました。

「幼児期の終わりまでに育ってほしい姿」を活用して自園のカリキュラムを見直し周知することは、小中学校や教育委員会等に自園の教育を伝え、幼児教育やこの姿の理解を促すことにもつながります。そして、教育委員会がなぜその視点を示したのかを理解することも大切です。私たち幼児教育に求められているものは何か。地域の子どもを保幼小中のみんなで育てるという意識の共有にもなります。

表Ⅱ　アプローチ・カリキュラムの例（5歳児）

	Ⅰ期（4月～5月中旬） 年長になった喜びを感じ取りながら、 生活を軌道にのせていく時期	2期（5月中旬～7月） グループで遊びを進めながら、 個々の力や仲間意識が育っていく時期
学ぶ力	・友達と一緒に遊びに必要なものと自分なりに工夫して作ることを楽しむ。 協 思 ・自分の思いや考えを自分なりの言葉で伝えようとする。 言 感 ・話し手に注目して話を聞く。 言 ・話の内容が分かり、必要なことを自分で行う。 自 道 ・遊びや生活の中でひらがなや数字、時計に関心をもつ。 社 数 ・自分の名前の文字が分かる。 数 ・飼育物に親しみをもちかわいがったり、世話をしたりする。 然 ・春を感じ、植物や虫に興味や関心をもって遊びに取り入れる。 然	・身近な出来事に興味をもち、疑問に思ったことを先生に聞いたり調べたりする。 思 ・自分の思いや考えをみんなに伝えようとする。 言 ・友達の中で自分のすることが分かって動く。 自 ・グループの友達と簡単なテーマで相談をする。 言 協 ・次の活動に必要なことに気付いたり予測したりする。 自 思 ・話の内容が分かって、自分の体験とつなげて聞いたり考えたりする。 思 言 ・素材や材料の使い方が分かり遊びに生かそうとする。 思 ・砂遊び、水遊びなどを通して、物の特性や量に関心をもつ。 思 数 ・植物や虫に興味や関心をもち、考えたり試したり、遊びに取り入れたりする。 思 然
人との関わり	・友達との関わりの中で、身体を動かして遊ぶ心地よさやルールのある遊びの楽しさを感じる。 健 道 ・年長になった喜びを感じて、年少・年中児に優しくしようとする。 道 ・年少・年中児の困っていることや必要としていることに気付き、助けようとしたり教えようとしたりする。 道 ・手伝いを通して成長した自分に気付いたり、年長としての自覚をもったりする。 自 ・友達と一緒に園生活の中の役割を果たす。（誕生会での司会や当番活動など） 社 ・誕生会の意味が分かり、友達を祝う気持ちを言動に表わす。 協 言	・グループの友達と声を掛け合って取り組む。 協 ・友達と動きや声がそろう心地よさを感じる。 感 ・友達の頑張りに気付く。 道 ・友達と積極的に関わる中で、様々な感情を体験する。 協 ・経験したことや興味のあることなどを教師や友達に話す。 言 ・相手に話を聞いてもらい、思いが受け止められたうれしさを感じる。 言 ・自分と違う友達の思いや考えに気付き、自分の気持ちを分かるように伝えようとしたり受け入れようとしたりする。 協 言 ・地域の人々や高齢者に親しみを感じ、交流を深める。 社
生活する力	・新しい場に慣れ、所持品の始末や手洗い、うがいなど、生活に必要なことを自分で行う。 健 ・屋上や遊戯室の遊び方や大型積み木の安全な扱い方が分かり、守ろうとする。 道 ・ルールを理解し、守って遊ぶ楽しさを味わう。 道 ・次にすることが分かって、片付けたり気持ちを切り替えたりする。 健 ・身の回りのものの始末の仕方が分かり、進んで行う。 健 ・避難訓練や交通安全の約束を守り、年少・年中児の手本になろうという意識をもつ。 健 ・健康診断を通して、自分の体の健康に関心をもつ。 健 ・健康と食べ物の関係に関心をもつ。 健 ・掲示を見て、一日の流れが分かる。 健 ・共同の遊具や用具、自分の所持品などを大切に使ったり片付けたりする。 道	・様々な運動遊具を使って遊んだり、いろいろな運動に興味をもって取り組んだりする。 健 ・危険なことを自分で判断し、安全に遊んだり生活したりしようとする。 道 健 ・横断歩道の渡り方や信号の見方など、交通ルールを理解し、守って行動する。 道 健 ・自分のいる場所に合わせて自分の身を守ろうとしたり、近くの先生の指示を聞いて避難したりする。 健 ・公共の場での過ごし方が分かり、ルールやマナーを守って行動しようとする 道 ・先生の話を聞いて明日の予定が分かる。 健 言 ・水の危険性を理解し、きまりを守って友達と一緒にプール遊びをする。 健 道 ・汗の始末、衣服の調節、水分補給、休息などの大切さを知り、自分で気付いて行う。 健 ・夏野菜の収穫を喜び、友達と一緒にいろいろな野菜を食べようとする。 健 然
行事	・入園式　・健康診断　・親子遠足　・誕生会 ・避難訓練　・安全指導　・当番活動	・水族館遠足　・栽培物の収穫　・カレー作り ・プール開き　・七夕製作　・夏祭り

	5期（1月上旬～3月下旬） 幼稚園修了までの課題に取り組み、学級としてのつながりの中で 自信をもって生活を楽しむ時期
学ぶ力	・自分やグループ・学級の課題を意識し、繰り返し取り組みやり遂げる。 自 ・目的やイメージに合わせて材料を選んだり、工夫して使ったりする。 思 ・感じたこと、考えたことを伝え合い、グループや学年の中でイメージを共通にしながら遊びを進める。 協 言 ・今までの経験や知識を生かして、友達と遊びを発展させていく。 思 ・見る、聞く、感じる、考えるなどの経験を自分なりの言葉で十分に表現する。 言 ・全体に出された課題を自己課題として受け止め、やり遂げようとする。 自 ・決められた日にちや時間を意識して、課題に取り組もうとする。 自 数 ・正月遊びを通して、文字や数字に興味をもち、それらを使って遊ぶ楽しさを味わう。 数 ・日常生活に必要な文字や数字、標識などに興味や関心をもち、遊びの中に取り入れる。 数 ・自然現象に関心をもち、自然の不思議さを感じたり、考えたり、試したりする。 思 然 ・自然の移り変わりに気付き、関心をもったり、感動したりする。 感 然
人との関わり	・学級や学年の友達とみんなでする楽しさが分かり、友達とのつながりを感じながら、一緒に創造的な活動に取り組み、充実感を味わう。 協 感 ・グループの中で役割を果たしながらみんなで力を合わせて取り組み、やり遂げた満足感や達成感、役に立った喜びや自信をもつ。 自 協 ・友達の得意な面やよさに気付き、生かし合って遊ぼうとする。 協 ・友達と積極的に体を動かして遊び、競い合う楽しさや、ルールをつくってみんなで遊ぶ充実感を味わう。 健 道 ・遊びの中でのトラブルを自分たちで解決しようとする。 言 協 ・自分のことを認めてもらう経験を積み重ね、自信をもって行動する。 自 ・誰とでも進んで挨拶を交わしたり、お礼の気持ちを言葉で伝えたりする。 社
生活する力	・生活や時間の流れに合った生活の仕方を考えながら行動する。 自 ・修了や就学に期待をし、一人一人が自信を抱き、自分たちで遊びや生活を進める充実感を味わう。 自 ・難しいことに出合っても、乗り越えていこうとする。 自 ・一日の時間の流れを意識して、行動しようとする。 自 ・今は何をすべきかを自分なりに判断し、状況に応じた行動をしようとする。 自 ・薄着の習慣、手洗いうがいの励行、規則正しい生活など、健康のために必要なことを理解し、行おうとする。 健 ・危険な物や場所、遊び方が分かり、状況判断をして安全に気を付けて遊ぶ。 健 ・安全な場所や避難の仕方を考え、素早く行動する。 健
行事	・餅つき会　お相撲さんと遊ぼう　・節分　・学年でのごっこ遊び　・ひな祭り ・一人登園　・お別れ遠足　・お別れ会　・修了式

※誕生会・避難訓練・安全指導は毎月取り組む。

《幼児期の終わりまでに育ってほしい姿》

健…健康な心と体
自…自立心
協…協同性
道…道徳性・規範意識の芽生え
社…社会生活との関わり
思…思考力
然…自然との関わり・生命尊重
数…数量や図形、標識や文字などへの関心・感覚
言…言葉による伝え合い
感…豊かな感性と表現

	3期（9月～10月中旬） 個々が自分の力を発揮しながら意欲的に生活を展開し、学級としてのつながりが深まる時期	**4期（10月中旬～12月下旬）** 個々のもち味を生かしながら、学級やグループの遊びや課題へ取り組む時期
学ぶ力	・遊びの中で、自分なりの目標をもち、試したり工夫したりして自分の力を発揮する。 自 思 ・経験したこと、感じたこと、考えたこと、イメージしたことを様々な方法で自分なりに表現する。 ・経験したこと、感じたこと、考えたことなどをみんなに分かるように言葉で伝えようとする。 言 ・遊具や運動用具を使って全身を使い積極的に遊ぶ。 健 ・遊びの中で数を数えたり量を比べたり、いろいろな図形に興味をもったりする。 数 ・季節の変化に気付き、収穫を喜んだり自然物を使った遊びを楽しんだりする。 然 ・行事を通して国旗に親しむ。 社	・自分なりの課題に向かって取り組み、試したり、考えたりしながら最後までやろうとする。 自 思 ・少し難しいと思うことや経験のないことにも、自分なりの目標をもち繰り返し取り組む。 自 ・友達の意見や考えに刺激を受け、自分なりに考えようとする。 思 ・遊びに応じて必要な表示を考えたり文字や数字を取り入れたりする。 数 ・グループの中で役割を分担したり、役割を果たしたりして充実感を味わう。 協 ・秋から冬への自然の変化の美しさに気付いたり、興味をもち、遊びに取り入れたり調べたりする。 思 然 感 ・植物の生長に期待をもち、大事に育てようとする。 然
人との関わり	・ルールのある遊びを通し、チームで競い合うことを繰り返し楽しむ。 健 道 ・自分の経験したことを話したり、友達の話に興味をもって聞いたりする。 言 ・友達と互いに思いを聞き合い、相手の思いを受け止めて遊びや生活を進めようとする。 協 言 ・グループで共通のイメージをもって遊ぶ中で、必要な場や物を一緒に作る。 協 ・グループの中で自分の考えを出し合いながら相談したり、役割を決めたりして、自分たちで活動を進めようとする。 協 言 ・学年や園全体での課題に取り組む中で、見通しをもち、自分の力を発揮したり、自分の役割を意識して動いたりして、みんなで協力しながらやり遂げていく満足感を味わう。 協 ・自分の力を発揮し、友達のよさに気付きながら遊ぶ。 協	・相手の思いや考えを聞いて、自分の思いの表し方を考えたり、受け入れたり取り入れたりする。 協 言 ・グループや学年の友達と共通の目的に向かって取り組み、自分の考えを主張したり気持ちを切り替えたりしながら、友達と一緒に進めていく楽しさや満足感を味わう。 協 言 ・友達の話を最後まで聞く。 言 ・理由を添えたり、新しい提案をしたりして、自分の考えを分かってもらえるように話す。 協 言 ・友達とイメージを共有し、動きや言葉、歌や楽器で表現したり演じたりして、友達と表現し創り上げる達成感を味わう。 協 感 ・相手の立場に立って考えたり、行動しようとしたりする。 道 ・一日の園生活の流れに見通しをもち、友達と声を掛け合って行動する。 健 言 ・保育園の友達や中学生に親しみを感じ、交流を深める。 社
生活する力	・一日の流れや行事までの日程を知り、自分たちで見通しをもって取り組む。 自 ・一人一人が自分の役割に取り組み、自信をもって行動する。 自 ・季節の変化を感じ取り、天候や気候に合わせた生活の仕方をする。 健 自 ・体と食べ物の関係について関心を深める。 健 ・先生の指示を聞き、安全な場所や身を守る姿勢が分かり、慌てず素早く行動する。 健	・いろいろな運動遊びに進んで取り組み、体を十分に動かして遊ぶ楽しさを味わう。 健 ・よいことや悪いことを自分で考えて行動する。 道 ・運動や製作活動の新しい遊具・用具の安全な使い方を理解し、意識して取り組む。 健 ・一日の流れや予定が分かり、時間を意識して行動する。 自 数 ・寒さに負けず、元気に体を動かして遊ぶ。 健 ・感染症や病気の予防方法が分かり、うがい・手洗いなどを正しいやり方で行う。 健
行事	・プール納め　・運動会	・遠足　・チャレンジ発表会　・子ども劇場 ・お楽しみ会　・大掃除

5歳児終わりの教育課程（アプローチカリキュラム）

【事例】日々の記録からの見直し

高知県高知大学教育学部附属幼稚園

小学校教育を見通した教育課程の編成は、日々の保育者の記録から子どもの姿を読み取り、それをもとに見直していくことから始まります。

1 保育者の必要感からの見直し

高知大学教育学部附属幼稚園では、幼稚園教育要領の改訂を受け、園の目指す子ども像である「よく考えて行動する子ども」を育む教育課程の見直しが必要と考えました。しかし、教育課程を幼稚園教育要領や教育目標に即して見直すのでは、子どもたちに達成してほしい内容といった保育者の思いが優先されてしまうのではないかということを危惧しました。

そこで、日々の記録を基に園内で検討を重ね、まず長期の指導計画を修正し、その上で教育課程の再編成を4年計画で行いました。日々の子どもの姿という記録から指導計画や教育課程を見直すボトムアップは、当然の進め方です。しかし、大学の附属として大学の人材を活用して見栄えのいい教育課程を編成するのではなく、あくまでも中心は子どもたち、その子どもたちを育むのは保育の場にいる自分たちであるという「幼児理解」から始まる基本的かつ重要な方法で時間をかけて保育者が試行錯誤を重ねたことに、意欲と大学の附属幼稚園の在り方が見えます。

2 幼稚園教育要領との兼ね合い

改訂された幼稚園教育要領との関係を明確にするために、改訂のポイントの一つである「幼児期の終わりまでに育ってほしい姿」と園の教育課程を比較し、それぞれの文末に「幼児期の終わりまでに育ってほしい姿」のどの姿が当てはまるのか、姿の最初の文字などの記号を付け、内容を確認しました(表Ⅲ)。すると、園の教育目標である「よく考えて行動する子ども」に通じる「思考力の芽生え」に関するねらいや内容が多いことがわかりました。その一方で、行っていないわけではない「数量や図形、表記や文字などへの関心・感覚」の表記が少ないこと、「幼児期の終わりまでに育ってほしい姿」の一項目しか該当しない内容があることが見えました。また、学年間の横のつながりの検討も必要ではないかと感じました。

3 見直しによる成果

教育課程というと、日々の保育の上にあるイメージをもちますが、自分たちの日々の記録を基に長期の指導計画や教育課程を見直したことで、自分の保育と教育課程のつながりを感じられるようになりました。また、その教育課程に「幼児期の終わりまでに育ってほしい姿」が結びついていることで、日々の保育とその姿のつながりも意識できるようになりました。

　教育課程や指導計画は、一度見直せば完成というものではありません。日々の子どもとの関わりを通し子どもの成長や課題を感じ取り、教育・保育の質の向上に向けて、常に今を問い直していくことが大切です。

4 教育課程の見方

　高知大学教育学部附属幼稚園は、次のように考えて教育課程を編成しています。

期……子どもたちの育ちの節目を期の切れ目として捉えた。(　)の中は、それぞれの期の特徴を簡潔に表したものである。一年を通して子どもたちの姿の変化を捉えると、附属幼稚園では一年が四期に分かれた。そこで、長期の指導計画は一年を四期に分けて作成した。ただし、学年の育ちの違いから、期の長さは学年で異なっている。また、同じ学年であっても、子どもたちの発達には個人差があるので、切れ目は斜線で表している。

この期によく見られる子どもの姿……日々の記録や事例などからその期によく見られる子どもの姿を拾い上げて、まとめたものである。その際、子どもと遊びや生活をともにしながら、子どものよさに目を向け、プラスの方向に向かう姿として捉えることを心がけた。下線の部分は、教育目標につながる「よく考えて行動する子ども」の特徴として見られる姿である。

ねらい（○）……子どもたちがその期に、何を経験し、どのように成長してほしいのか、その期に育つことが期待される育ちの方向性を示すもの。この期に子どもの内面に育ちつつあることを捉えた上で、多くの子どもたちの内面に育てたいと考える心情・意欲・態度等の方向性を、保育者の願いも織り込んで表している。

内容（■）……ねらいとして捉えた方向性に向かうために、保育者が援助し、子どもたちが生活の中で実際に経験し、身につけていくことが望まれることを表している。その期のねらいの方向性に向かって経験する中身が分かるように表すことを心がけた。

5 小学校教育への接続を意識した教育課程とは

　先の表Ⅰと表Ⅲを比較してわかるように、教育課程の編成に当たっては、共通項目もありますが、違いもあります。それは、園の子どもたちの実態や保育者の考え方・意図による違い・工夫です。教育課程は、園の教育の道筋、教育計画全体を表すものであるので、小学校との教育内容の接続についても、どのように表すことが園の共通理解となって進めていけるのか。「幼児期の終わりまでに育ってほしい姿」の視点を活用するのであれば、到達目標と誤解されないようにどのように表すか。そういうことを各園で話し合うことが教育の質の向上につながると考えます。

10月	11月	12月	1月	2月	3月
3期			4期		

3期（みんなで心を合わせて）	4期（みんなで共通の目的に向かって大きくなった喜びや自信を感じて）
いろいろな友達を誘い合って遊びを楽しむなど、友達関係に広がりが見られるようになる。また、仲間意識が強くなり、チームで競い合う遊びを好み、**人数が多くてもルールを守って遊ぶことを楽しむ**。そのなかで自分の得意なことを発揮して遊ぶ姿が見られる。友達の考えも受け入れて遊ぶ楽しさがわかり、**友達と一緒に共通の目的をもって協力して遊ぶようになる。友達同士で思いや考えを言葉で伝え合い、必要に応じてルールをつくり変えたり相談したりして進めていくようになる**。	クラスや学年で**共通の目的に向かって、話し合ったり、教え合ったりして、みんなで力を合わせて見通しをもって活動する**ことが楽しくなる。**友達のよいところがわかり、相手の気持ちにも合わせて行動しようとする**。卒園に向けての行事や生活などを進めていくなかで、大きくなったという喜びや自信をもち、自分の力を発揮するようになる。
○**友達と思いや考えを出し合い、共通の目的に向かって、心を合わせて遊ぶ**楽しさを味わう。 協 思 言 ■自分の考えを言ったり、友達の思いを聞いたりして、**遊び方やルール、役割などを考えて**遊ぶ。 言 社 道 ■チームの意識をもって、友達と力を合わせたり、応援しようとしたりする。 協 言 思 社 ■自分の体を精いっぱい動かしたり、**うまくコントロールしたりして**遊ぶことを楽しむ。 健 社 ○様々な事象について探究心をもってかかわろうとする。 思 健 数 言 ■落ち葉や実など身近な秋の自然物の変化や美しさに気づき、特徴を生かし、遊びに取り入れる。 自 豊 思 ■遊びや生活を通して、文字や数量、標識などに興味をもち、自分達で活用しようとする。 数 思 言 ■いろいろな素材にかかわって、**その特徴に気づき、本物らしく表現しようとする**楽しさを味わう。 豊 自 言 思	○クラスや学年のみんなで共通の目的をもち、心を合わせて活動に取り組む充実感を味わう。 協 思 言 ■みんなでする活動に意欲をもって取り組んだり、いろいろな表現を楽しんだりする。 自 立 豊 協 ■**教え合ったり、助け合ったりして心を通わせることを通して、互いの思いや考えなどを共有し、友達のよさに気づく**。 協 社 言 ■**冬から春の自然の変化を感じ取り、生活や遊びに生かす**。 自 思 豊 ○自分の成長に喜びや自信を感じる。 立 健 豊 ■小学校生活に期待をもって、就学に向けた生活リズムを進んで身につけ、見通しをもって行動する。 立 社 健 道 ■生活を共にしてきた友達や先生と心を通わせ、大きくなった喜びを味わい、感謝の気持ちをもつ。 健 立 協 豊 言

《幼児期の終わりまでに育ってほしい姿》

健…健康な心と体
立…自立心
協…協同性
道…道徳性・規範意識の芽生え
社…社会生活との関わり
思…思考力
然…自然との関わり・生命尊重
数…数量や図形、標識や文字などへの関心・感覚
言…言葉による伝え合い
豊…豊かな感性と表現

表III　教育課程の例

2・3年保育　5歳児　教育課程

月	4月	5月	6月	7月	（8月）	9月
期	I期		2期			

期	I期 （幼稚園で一番大きくなった喜びを感じて）	2期 （友達と思いや考えを出し合って・自分なりのめあてをもって）
この期によく見られる子どもの姿	**自分の生活する場所を整えたり、小さい組の世話をしたりする**。気の合う友達と誘い合って、今まで繰り返し楽しんできた遊びを**自分達で進めようとする**。また、年長ならではの遊具や道具、素材で遊ぶことを楽しみ、年長組になった喜びをもち、はりきっている姿が見られ、いろいろな人とのかかわりが増えてくる。	**気の合う友達と思いや考えを出し合いながら、自分達で遊びを進めていこうとする**。自分の思いや考えを実現したくて、いざこざになることもある。友達がしていることが刺激となって、少し難しそうなことにも挑戦してみようとする。**みんなで行動するとき、自分はどうしたらよいかを自分なりに考えようとする**。
ねらい（○）・内容（■）	○年長組になった喜びや自覚をもつ。　健 立 協 道 社 思 言 ■小さい組の世話や手伝いをし、役に立つ喜びを感じる。　社 思 道 協 立 ■**遊びや生活に必要な場や物、環境について必要な情報を取り入れ、話し合いながら、みんなでつくっていく**。　健 立 協 道 社 思 言 ■**文字に親しみ、便利さに気づく**。　数 思 ○気の合う友達や先生とかかわりながら、好きな遊びを楽しむ。　健 協 道 社 思 言 ■友達や先生と一緒に、今まで親しんできた遊びや、年長組になってできるようになった遊びに取り組む。　健 協 社 ■春の生き物を、友達と一緒に**工夫して捕まえ**、命あるものとして大切にする。　自 思 協 ■植物の成長や変化を楽しみにしながら、**好奇心や探究心をもって苗植えや世話などをする**。　自 思 社 数 ■**自分なりの言葉で思いや考えを伝えようとするとともに相手の言葉や様子からその思いや考えに気づく**。　言 思 健 豊 協	○**気の合う友達と思いや考えを出し合いながら、自分達で遊びを進めていく楽しさを味わう**。　協 言 自 豊 ■**友達とアイデアを出し合いながら**友達の様々な考えにふれ、**遊びの場や必要な物を作ったり、自分達なりのルールを決めたり**して遊ぶ。　言 自 協 道 社 思 健 ○自分なりのめあてをもって遊びに取り組もうとする。　自 道 思 ■**試したり工夫したりしながら、自分なりのイメージで表現する**。　思 豊 ■水・砂・土などの身近な環境とかかわるなかで**いろいろな遊びを考えたり試したりする**。　社 自 思 立 数 ■友達と一緒に、身近な小動物を**工夫して捕まえたり、飼ったりし**好奇心や探究心をもつ　自 思 協 社 ■**図鑑と比べながら、小動物をじっくり見たり、適した飼い方を考えたりする**。　自 思 協 社 ○健康で安全な生活の仕方を知る。　健 社 ■健診や食育などの機会を通して、健康な生活の仕方に関心をもち、**自ら健康な生活を送ろうとする**。　健 社 思 ■クラスや園全体の共有の遊具や用具を安全に気をつけて大事に使ったり、**見通しをもって片付けたり**する。　社 思 健 数

幼保小の架け橋プログラム

小学校スタートカリキュラム

年間計画の例

幼児期の教育と小学校教育との円滑な接続に向けて、小学校が、生活科を中心としたスタートカリキュラムを作成・実践する段階です。ここでは、児童が幼児期の教育で身に付けた力等を十分に発揮し、小学校の生活や学習上の困難を乗り越えられるカリキュラムとすることが大切です。

月	計画の内容
4月前準備	カリキュラム作成の体制づくり 要録に基づく就学予定児の引き継ぎ（幼保小連絡協議会）
4月	カリキュラムの実践
5月	カリキュラムの実践と修正（授業公開）
6月	カリキュラムの実践と修正
7月	カリキュラムの評価・改善（幼保小連絡協議会合同研修会）

体制づくり

カリキュラム作成のための校内組織を立ち上げます。
スタートカリキュラムの意義やねらい、大まかなスケジュールを確認します。

カリキュラムの実践と修正

実践しながら、子供の様子を校内組織や学年会などで話し合い、実態に応じて修正等を加えます。
また、前年度の5歳児担当者に授業等を公開し、カリキュラムに対する意見をもらうことも効果的です。

情報収集

子供どうしの交流や保育参観等により「幼児期の終わりまでに育ってほしい姿」に照らし子供の育ちを捉えたり、教員・保育士との連携により子供の育ちを支える関わり方を捉えたりします。

8月

カリキュラムの保存

9月

次年度のカリキュラム作成のための情報収集（保育見学）

10月

次年度のカリキュラム作成のための情報収集（交流給食）

次年度のカリキュラム実務者研修会への参加

11月

次年度のカリキュラム作成のための情報収集（生活科を通しての幼保小の交流）

12月

次年度のカリキュラム作成のための情報収集（幼保小連絡協議会）

1月

次年度のカリキュラム作成の体制づくり

2月

次年度のカリキュラムの検討、原案づくり

3月

要録に基づく就学予定児の引き継ぎ（幼保小連絡協議会）

カリキュラムの提案

カリキュラムの検討・原案づくり

今年度実践したカリキュラムをたたき台として、交流・連携の成果や研修会などで学んだことを取り入れながら原案を作成するとより質の高いカリキュラムとなることが期待できます。

実務者研修会

教育委員会が主催する研修会に参加したり、講師を招き校内研修会を開催したりして、小学校入学当初の子供にふさわしい学び方やカリキュラム作成に関することを学びます。

スタートカリキュラム作成の実際とポイント

スタートカリキュラムを単年度の取組でなく、PDCAサイクルを回し、継続的な取組とすることが大切です。

1 年間計画の背景

スタートカリキュラムには、主に次の3つの取組が求められています。

1つ目は、スタートカリキュラムを学校全体の取組にすることです。

2つ目は、「幼児期の終わりまでに育ってほしい姿」を踏まえた指導の工夫を図ることです。このことは、幼児期の教育の学び方を小学校入学当初のカリキュラムに取り入れることを意味します。

3つ目は、スタートカリキュラムの質を向上させる取組です。特に、入学当初のスタートカリキュラムを、低学年教育全体を見通しゆるやかに中学年教育以降の教科に分化した学びにつなげることが大切です。

これらのことから、組織的・継続的に見通しをもってスタートカリキュラム作成の計画を立てることが必要となります。

2 体制づくりと年間計画の作成

スタートカリキュラムを学校全体の取組とすることは、一年生を多様な眼で見守ることとなり、安心して小学校生活や学習に取り組む子どもの姿の実現につながります。また、教室以外にも運動場や音楽室など活動の場の広がりが期待でき、学びの充実にもつながります。そこで、前年度のうちに管理職と一年生担当者を中心に養護教諭、特別支援教育コーディネーター、音楽専科などをメンバーとした校内組織を立ち上げるとよいでしょう。

また、年間計画を立てる際、カリキュラムの質が徐々に高まる計画にします。実践に対する評価の客観性を高め、改善に柔軟性をもたせることができるようにすることや、カリキュラムの質を高めるために有効な交流・連携を継続しその成果をカリキュラムに反映させることが大切です。

3 評価・改善

①子どもの育ちの視点

スタートカリキュラムの評価・改善に向けて、入学後の児童が「幼児期の終わりまでに育ってほしい姿」を発揮しながら小学校の生活や学習上の課題を乗り越えているかどうかという子どもの育ちに視点を当てて幼保小が捉えなければなりません。

そのためには、入学前後の子ども同士の交流や保育参観・授業参観等で子どもの育ちを促す環境の構成や場の工夫、子どもへの関わり等を共有したりする取組が大切になります。

②年間計画の見直しの視点

スタートカリキュラムは、学年会などで週ごとに検証し、その結果を翌週に反映させるなど、日常的に質を高めるサイクルが必要です。

また、評価の客観性を高めるために校内組織で意図的に時期を設定し評価したり、幼児教育担当者にも意見を求めながら改善につなげたりすることで、より質が高まります。

スタートカリキュラムに対するマネジメントサイクルを回す年間計画にすることが次の年度のスタートカリキュラムの質を高めることになります。

幼児期の教育と小学校教育との円滑な接続のイメージ

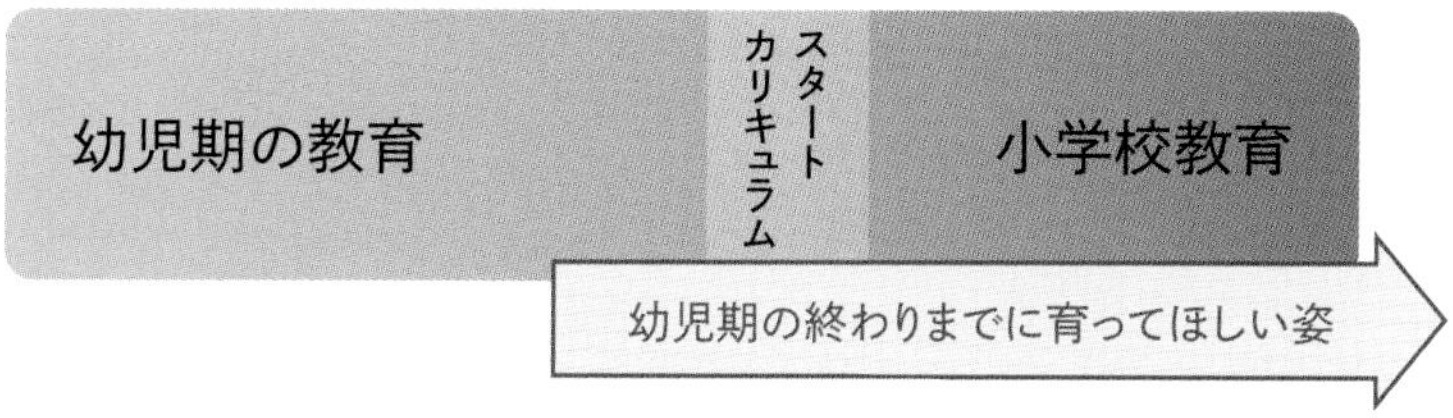

スタートカリキュラムは、特に指導の工夫や配慮が必要な小学校入学当初から低学年の教育全体を見通して、小学校が作成するカリキュラムを指します。「幼児期の終わりまでに育ってほしい姿」を発揮できる活動にすることで、低学年教育の充実を図り、ゆるやかに教科を通しての学びにつなげます。

人の話を聞く

２枚の写真は、読み聞かせを聴いている幼児（写真左）と児童（写真右）の姿です。幼児期の教育で豊かな言葉や表現に親しむ姿は小学校教育にも確実に生かされています。

収穫した野菜を分ける

収穫した野菜を分ける際、太さや長さ、重さ着目するなど数量への関心や感覚を働かせ、一人分が同じくらいになるようにしています。こういった姿は、小学校の算数等に生かされます。

【事例】スタートカリキュラムの実践

埼玉県草加市立長栄小学校

入学直後の子どもはすぐに小学生らしくなるわけではありません。本校では、園などでの生活に可能な限り近づけ、活動を通して小学校生活や学習に必要な知識や技能を身に付けられるようにしました。

1 校区の特色

本校は昭和55年4月に長栄小学校として、同一敷地内の新田中学校とペアスクールとして開校しました。現在、新田中学校区内の私立幼稚園1園、市立保育園2園と新田小学校を含め、1中2小3園で「幼保小中を一貫した教育」を行っています。これは0歳から義務教育修了時の子どもの姿を見通し、保育・教育実践により資質・能力を一貫して育む取組です。

幼保小の接続に関しては、草加市教育委員会が刊行している『草加市幼保小中一貫教育プログラム』に基づき、幼保小交流・連携の成果を踏まえ、スタートカリキュラムの編成と実施を中心に取り組んでいます。

2 スタートカリキュラム作成の背景

本校では、草加市教育委員会の方針に沿って、幼保小の交流・連携に積極的に取り組んできました。このことで、小学校の入学当初の生活や学習に取り組む児童は、格段に落ち着きが出てきました。それは、幼児教育の段階で小学校がどういった生活になるかを見通せることから「自分にもできる」「身に付いている力で対応できる」ことを、入学前に実感できたことによる成果だと思います。つまり、心配や不安を自信や期待に変えた取組であったと考えています。

しかし、交流・連携の成果が続くのは入学当初のしばらくの間だけでした。徐々に小学校生活や学習に対する不安や意欲の低下が見られ、特に、小学校三年生以降になると大きく低下することがわかりました。

このことから、小学校入学当初から幼稚園等で学んできたことを上手く生かせるように活動を工夫すること、そして小学校低学年教育全体を通してゆるやかに教科を通した学びにすれば、小学校低学年教育全体の質を上げることになるのではないかと考えました。このことは、やがて小学校教育の充実や中学校教育の充実につながるもので、その結果、自立した生活者・学習者が育まれるということになります。

これから幼稚園教育要領等から始まる幼児期の教育と義務教育とを一貫することは、子どもたちに『生きる力』『資質・能力』を育む学校教育の在るべき姿を実現する取組になるという考えが背景にあります。

スタートカリキュラムの例

週ごとに目指す子供の姿をねらいとして示します。その週で実現できないときは、柔軟に次の週へ引き継ぎます。

体と心を開放するような活動を業前に取り入れ、安定した気持ちで一日がスタートするようにします。

	1日目	2日目	3日目	4日目	5日目
ねらい	第1週　●学校生活で生活の仕方や約束を少しずつ覚えながら、友達と小学校生活を楽しく過ごす				
業前	いきいきタイム、挨拶・健康観察				
活動内容		いきいきタイムがはじまるよ 手遊び、リズム体操（学年合同）※教務担当、音楽専科等との関わり 誕生日列車をつくる	うたでなかよしになろう（学年合同） 6年生の校歌を聴こう ※音楽専科等との関わり	読み聞かせ ※学習ボランティアとの関わり	6年生と一緒に遊ぼう 「学校クイズ」（学年合同） ※6学年担任との関わり
1		**学活（0.5時間）（学年合同）** ●「なかまづくり」ゲーム ・友達と一緒にゲームをする（好きな色、誕生月、出身園、通学班などでグループづくり）。 **生活（0.5時間）** ●がっこうのことがしりたいな ともだちのことをしりたいな **図工（0.5時間）** ●すきなものいっぱい ・クレヨンを使って自分の顔を描く。 **国語（0.5時間）** ●どうぞ　よろしく ・描いた顔の下に名前を書く。 **算数（0.5時間）** ●なかまづくりとかず ・月ごとに描いた顔と名前を並べる。	**音楽（0.5時間）（学年合同）** ●うたでなかよしになろう ・友達と一緒に楽しく歌う。 **国語（0.5時間）** ●あさ「みつけたものをはなす」 ・教師に合わせて、「あさ」の詩を声に出していう。 ・登校途中や下校途中に見つけたものを話す。 **生活（1時間）** ●がっこうに　いこう ・登下校時のあいさつや交通ルールを学ぶ。 ●みんなで　がっこうを　あるこう ・保健室、職員室の場所を知る。 ◆廊下歩行や、職員室の入り方の約束を学ぶ。	**体育（0.5時間）（学年合同）** ●いろいろなならびかた ・ゲームを通して、学級、小集団での並び方を知る。 ◆衣装の着脱の仕方を学ぶ。 **生活（1時間）** ●はじめまして ●たのしい　がくしゅう ・校庭で友達と遊ぶ。 ・友達と仲よく遊ぶためのきまりや約束を考える。 ◆校庭での遊びのきまりを学ぶ。 **図工（0.5時間）** すきなものいっぱい ・好きなもの、描きたいものを想像しながら描く **算数（1時間）** ●なかまづくりとかず ・描きたい作品を種類や条件などで仲間づくりをする ・それぞれの数を数える	**体育（0.5時間）** ●いろいろなならびかたゲーム ・学級、小集団での並び方や歩き方を知る。
2	**行事（1時間）** ●入学式 13:30 ・ロッカー、靴箱、傘立ての位置を知る。 **学級活動（1時間）** ・担任の名前を知る。 ・返事の仕方を知る。 ・友達を知る。 ◆返事の仕方や下校の準備の仕方を学ぶ。 ◆家庭との連携を図る。				**生活（1.5時間）** ●みんなで　がっこうを　あるこう ・校長室・職員室の場所を知る。 ・校長先生の話を聞く。 ・他学年の教室を知る。 ◆校長室や職員室の入り方の約束を学ぶ。 **国語（0.5時間）** ●どうぞ　よろしく（名刺をつくる） ・自分の名前を書く。 ・「これから学校でやってみたいこと」を話して自己紹介する。 ◆正しい鉛筆の持ち方を学ぶ。
3		**生活（0.5時間）** ●がっこうのことがしりたいな たのしい　いちにち ◆帰りの支度の仕方を学ぶ。	**道徳（1時間）** ●たのしい　がっこう ・学校生活の楽しさを感じるとともに、ルールを守る等、楽しい生活にしようとする態度を育てる。 ◆上級生からの手紙を読み、「これから楽しい学校生活が始まる」という意欲を高める。 ◆学校の準備の仕方を学ぶ。		**算数（0.5時間）** ●なかまづくりとかず ・カードに示された絵を種類や条件で集合をつくる。
4		**学校行事（1時間）** **通学班会議・一斉下校** ◆安全な登下校の仕方を学ぶ。	**学年下校** ◆安全な登下校について学ぶ。 ◆出迎えの保護者と連携を図る。	◆安全を守ってくれる人を知る。	

登校時、昇降口や教室で出迎え、あいさつと共に、とじ紐でとめて傘をしまったり、かかとを揃えて靴箱に入れたりする姿を認めます。

子供の思いや願いを捉え、実現に向けて幼児期の終わりまでに育ってほしい姿を発揮したストーリーを描く計画となるよう、生活科を中心に柔軟かつ効果的に合科的な指導を取り入れます。

ある教科での成果を別の教科の学習に生かせるよう、モジュールで授業を組み立てます。

3 スタートカリキュラムの例

63ページに示したスタートカリキュラムは、入学後1週目のものです。本校と幼稚園・保育所との交流・連携によって得た成果をカリキュラムに反映させています。

　例えば、幼稚園や保育所などでは、朝、保育者は保育室で子どもを迎え、あいさつや子どもの発する言葉に耳を傾けながら登園時の活動を促しています。また、登園後「好きな遊び」で心と体を開放してから学級全体で取り組む活動へ移る様子が見られます。さらに、活動時間を子どもの興味・関心の広がりによって柔軟に調整したり、「幼児期の終わりまでに育ってほしい姿」を発揮しながら遊びや活動を促したりしています。このような子どもとの関わり方や、生活のリズムなどをスタートカリキュラムに取り入れています。

トンネルをつくろう

トンネルづくりという目的を共有し、よりよい方法を話し合うなど、力をあわせてつくっている様子

4 「友だちのことがしりたいな」の実践

①誕生日列車の作成の計画

　入学式翌日、子どもたちは緊張や不安を抱えながら教室に入ります。担任からの声かけに少し安心し、登校時の活動を始めます。先に教室に入り活動している子をモデルとしてそれに倣う子や、同じ出身園の子と情報交換しながら、活動を終えます。

　やがて、子どもたちは自分以外の友だちに目が向きます。名字や名前が自分と同じ子がいることに気が付いたり、同じ出身園の子と一緒に、名前を尋ねに行ったり、誰もが「友だちのことを知りたい」「自分のことをしってほしい」という思いが生じてきます。その思いや願いに応えて教室掲示する「誕生日列車づくり」の計画を準備しておきます。

②合科的な指導の実施

　ここでは、生活科のねらいとして、「みんなとなかよくなりたい」という思いをより効果的に実現するため、複数の教科のねらいや内容を組み合わせて学習活動を展開しました。

　まず、学級活動で友達を知るきっかけをつくる活動として「仲間づくりゲーム」を楽しみます。その中で、誕生月のグループをつくる経験をさせ、これを生かすようにします。

　次に、教室に戻り、黒板に誕生日列車を掲示しておけば、園

誕生日列車をつくろう

誕生日列車づくりという目的を共有し、「幼児期の終わりまでに育ってほしい姿」を発揮してつくっている様子

にあったものを思い出し、「みんなで『誕生日列車』をつくろう。」と、活動が始まることを予測します。これが、目的を共有する働きかけになります。完成した形のイメージをもっている子がそうでない子に言葉で伝えるなどして、それを共有しようとするでしょう。つくる手順を考え説明したりする子もでてきます。図工のオリエンテーションとして自分の顔を描き、それを誕生月ごとに持ち寄ります。誕生日の早い順に並べたりするなど、協同性や自立心、言葉による伝え合いなど、幼児教育で培われた力を発揮して活動します。

やがて、「顔だけじゃわからないから、名前も書こう。」と、国語の教科書で正しい文字を確認したり、同じ誕生日の子がいたらどちらを先にすればよいか思いめぐらしたりするなど、算数の学習に向かう姿になります。

子どもの思いや願いから活動がスタートし、その実現のプロセスで教科のねらいや内容を関連付けてカリキュラムをデザインし、実践しました。

ここで大切なことは、64ページにある写真のように、幼児園等で活動する姿と小学校で活動する姿を均質にするために「幼児期の終わりまでに育ってほしい姿」を共有することです。

③合科的な指導の評価と改善

前年度までは、「誕生日列車」を入学準備として用意し、担任が顔写真を取って掲示していました。いわゆる担任主導でした。これを、子どもたち自身の力でつくり上げるための環境を整えました。

幼児期の教育の成果である「幼児期の終わりまでに育ってほしい姿」を発揮し、皆で、力を合わせてつくり上げました。

教室に掲示した「誕生日列車を」見つめる表情は、達成感などで満ちているようでした。

このことをきっかけに、「幼児期の終わりまでに育ってほしい姿」を発揮し、子どもが主体となって活動する場面を中心に捉え、スタートカリキュラムの改善を図りました。

公園へさんぽ

危険なことに気をつけながら、園の近くの公園へさんぽに行っている様子

安全な下校

一列に並び、他の歩行者に気を付けながら下校している様子

ワンポイントアドバイス

草加市立長栄小学校
校長
嶋田弘之

交流・連携を通して、「幼児期の終わりまでに育ってほしい姿」に照らし、子どもの育ちを捉え、それを発揮させる場面をつくり出すことがポイントです。

年間計画の例

具体的で活用しやすいカリキュラムを作成するために、幼小の教員で、組織を工夫し、実践を積み重ねました。

研究1年目

4月

研究組織の検討（管理職）
・幼小それぞれの研究主任の任命
・管理職、研究主任が幼小全体組織について検討

研究テーマの検討（管理職・研究主任）
・幼小合同で何を学びたいか、何ができるか

合同研究会①（講師講話）
・「幼児期の終わりまでに育ってほしい姿」についての理解

> **研究テーマの設定**
> 幼小合同での研究について、指導法が違う中で何をつなげていけるかを、推進委員で協議した。
> なかなか共通項が見い出せず、時間がかかった。

5月

合同研究会②
・研究組織と年間計画の発表

研究推進委員会
・研究テーマ、仮説について検討
・研究構想図の作成

合同研究会③（講師講話）
・「今求められている幼小接続とは」

6月

7月

合同研究会③
・研究テーマ、方法、仮説の共通理解

研究2年目

4月前

研究組織の検討（管理職）
・幼小それぞれの研究主任の任命
・管理職、研究主任が幼小全体組織について検討
・昨年度の運営の反省を生かし、組織を再編成（69ページ図Ⅰ）

スタートカリキュラム作成

4月

合同研究会①
・研究組織と年間計画の発表

スタートカリキュラム実践

参観ウィーク
互いの実践を解説付きで参観

5月

研究授業①
専科

研究保育②
5歳児

6月

研究授業③
2年生

7月

研究授業④
6年生

合同研究会②
・研究構想図の見直し
・目指す幼児・児童像の詳細を設定

> **目指す幼児・児童像の設定**
> それぞれの学年の幼児・児童の課題を出し、それを話し合うことで、課題を解決するという視点での「目指す幼児・児童像が設定された。

研究3年目

4月前

研究組織の検討（管理職）
・幼小それぞれの研究主任の任命
・管理職、研究主任が幼小全体組織について検討

4月

合同研究会①
・研究組織と年間計画の発表

スタートカリキュラム実践

5月

6月

合同研究会②（講師講演）
カリキュラムデザインについて

研究推進委員会（分科会）
カリキュラムの具体の作成

7月

研究のまとめと課題設定

研究授業・研究保育から分かったことの中から「対話的活動」の視点で見た「9年間の学びのつながり」の視点で考え、次年度の研究のテーマにつなげた。

保育園見学

幼稚園の同じ就学前教育施設の様子を見学し、その実態理解に努めた。

8月	9月	10月	11月	12月	1月	2月	3月
保育園見学 近隣保育園の保育の様子を見学	**研究授業①** 低学年	**研究保育②** 幼稚園 / **研究授業③** 中学年	**研究授業④** 高学年	**研究授業⑤** 専科	**研究推進委員会** 研究のまとめと課題とりまとめ 研究成果リーフレットの作成	**合同研究会④** ・研究のまとめと次年度への課題	**入学当初の環境の検討会** 幼稚園教員・保育士・新1年生担任で入学当初の環境について話し合う ← **スタートカリキュラム作成**

研究授業・研究保育

1年目は、幼児・児童の実態や互いの教育実践をたくさん見るために、研究授業・研究保育を多く実施した。「目指す幼児・児童像」に向けてどのように実践しているか、特に「対話的活動」を重視して実践、評価、反省を積み重ねた。

8月	9月	10月	11月	12月	1月	2月	3月
← **保育園見学** 近隣保育園の保育の様子を見学	**研究授業⑤** 1年生 / **研究授業⑥** 4年生	**研究授業⑦** 5年生	**研究保育⑧** 4歳児		**研究推進委員会（分科会）** カリキュラムの具体の作成 →	←	**入学当初の環境の検討会** 幼稚園教員・保育士・新1年生担任で入学当初の環境について話し合う

研究授業・研究保育（2年目）

カリキュラム作成の基となるように、様々な教科や活動での実践を積み重ね、幼児・児童の対話的な活動を、目指す幼児・児童像に照らし合わせて検証した。

8月	9月	10月	11月	12月	1月	2月	3月
←	←	**研究授業①** 低学年	**研究保育②** 4歳児	**研究保育③** 3歳児 / **研究授業④** 高学年 ←			**入学当初の環境の検討会** 幼稚園教員・保育士・新1年生担任で入学当初の環境について話し合う

カリキュラムの作成

1、2年目で積み重ねた実践や、今年度の幼児・児童の姿を、カリキュラムとして整理した。他のカリキュラムとの整合性をもたせるために、分科会同士で意見交換をしながら進めた。

幼保小の架け橋プログラム

9年間を見通した接続カリキュラム

接続カリキュラム作成の実際とポイント

長期的な育ちを見通すためには、どのような子どもを育てたいのかという「目指す幼児像・児童像」という「軸」を、幼小で共有することが必要です。

1 9年間を見通した接続カリキュラムとは何か

平成29年に告示された学習指導要領では、校種間の接続による学びの一貫性のある教育課程の編成が求められており、幼稚園教育要領等、小学校学習指導要領にも、学校段階間の円滑な接続や教科等横断的な学習の重視が謳われています。これまでの幼児期の教育と小学校教育の接続では、交流学習のみの実施であったり、5歳児の終わりと小学校入学時のスタートカリキュラムの作成などの一部の取組にとどまっていました。そこで、東京都中央区立晴海幼稚園・月島第三小学校では、これらの主旨を受け、遊びを中心とする保育から、児童期の教科教育を中心とする指導への移行を滑らかにし、一貫した流れを作り出そうと、幼小9年間の接続カリキュラムの開発にむけて、合同で研究に取り組みました。

接続カリキュラムを作成するにあたり、幼稚園・小学校の両カリキュラムをどのようにつないだらよいかを検討しました。遊びを中心として、5領域のねらいが総合的に達成されるように保育を行っていく幼児教育と、教科ごとに達成すべきねらいが定まっている小学校教育とでは、カリキュラムをつなぐ共通の軸が見当たりにくいためです。

そこで、幼小の教員が「幼児・児童の実態や課題」を出し合ったところ、「指示待ちである」「言葉での表現が難しい」「自己肯定感が低い」などの実態が共通して出されました。この課題を解決するために「主体的に活動に取り組む力」「考えを伝え合い、友達と共同して取り組む力」を幼児期から段階的に身に付けていくことが必要であるという「9年間の目指す幼児像・児童像」（70〜71ページ図Ⅲ）を設定し、それに向けて各学年での教育を進めていくこととしました。

「目指す幼児像・児童像」を9年間で見通すことのできるようにした上で、次の3つのカリキュラムを作成しました。

①幼稚園年間指導計画…各学年の「目指す幼児像」にせまるための幼稚園3年間の指導計画

②接続カリキュラム…幼児期の終わりから1年生の指導をつなぐための指導計画

③生活科・総合的な学習の時間と他教科等との横断計画…「目指す児童像」にせまるために、他教科の学習内容を横断的に考えながら生活科・総合的な学習の

時間を進めるための指導計画

2 年間計画の作成と体制づくり

1 幼小合同の研究体制づくり

幼稚園・小学校が合同で研究を進めるにあたり、幼稚園・小学校の教員全員が研究に携わることができるための研究体制をつくりました（図Ⅰ）。

幼稚園、小学校にそれぞれ研究主任を置きました。校長・園長はこの組織をより機能性をもたせて運営するために、日頃より互いの子どもや教員の様子について情報交換するように努めました。また、研究主任には、接続に関わることの多い1年生、5歳児の担任ではない教員を位置づけるようにしました。

2 年間計画を進めていく上での工夫

カリキュラムは、作成をしながら実践し、検証するようにしました。

実践を検証する上で、幼児期の教育と小学校教育について十分な相互理解を図るために、次のような取組を進めました。

①参観ウィークの設定

時間帯や曜日を工夫した上で、相互参観計画を作成し、幼稚園・小学校の教員が相互に参観する枠組みをつくりました（図Ⅱ）。

互いの教育について十分な理解のないままの参観では幼児・児童の学びを読み取ることは難しいと考え、教員を「解説者」として位置づけ、保育者・授業

図Ⅰ　幼小合同の研究組織

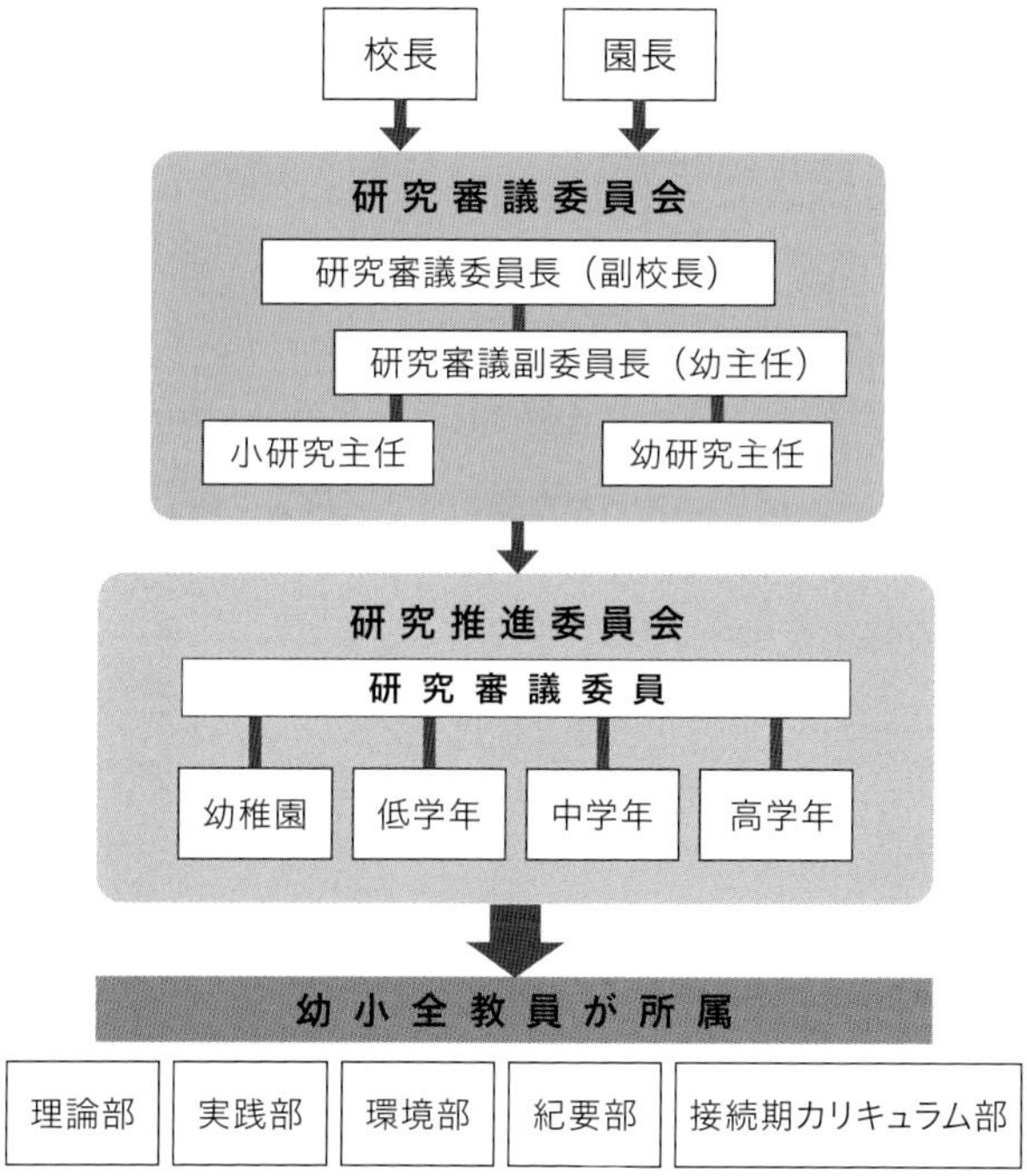

図Ⅱ　相互参観計画（参観ウィーク）

中央区立晴海幼稚園・中央区立月島第三小学校相互参観計画

令和2年10月7日

幼稚園、小学校双方の教育のあり方を理解するために、園長、副校長による解説を含めた保育・授業公開を行います。

小学校の教員は、今年度異動してきた先生方は必須で、他の先生方は授業の都合に合わせてご参観ください。

《小学校参観》

	10月21日（水）5校時 6年3組　授業者　○○	10月28日（水）5校時 1年3組　授業者　○○
幼稚園 参観者		

《幼稚園参観》

	10／20 （火）	10／23 （金）	10／26 （月）	10／30 （金）
2時間目				
3時間目				

晴海幼稚園教育目標

●にこにこ明るい子　●のびのび元気な子　●優しく元気な子

月島第三小学校教育目標

●よく考える子　●心ゆたかな子　●健康な子

～幼児期の終わりまでに育ってほしい姿を踏まえた幼小接続の指導の工夫～

自立心	協同性	道徳性・規範意識の芽生え
数量・図形文字	言葉による伝え合い	豊かな感性と表現

児童の現状

●語彙や表現力が十分でない児童がおり、コミュニケーション能力に差がある。

●一方的な発表はできるが、そこから考えを深めたり広げたりすることができない。

教師の願い

●自ら課題を解決する力を付け、他者との対話から自分の考えを深めてほしい。

展開すれば、自ら考え主体的に学ぶ幼児・児童が育つだろう。

2年生	3年生	4年生	5年生	6年生
学習の見通しをもって、互いの意見を尊重し合い、自分の考えをもち活動できる。	課題に対する自分の考えをもち、自分の考えと他者の考えに違いに気付くことができる。	課題に対する自分の考えをもち、自分の考えと他者の考えに違いに気付き、自分の考えに自信をもつことができる。	課題に対する自分の考えをもち、他者の考えとの相違点を受け止め、自分の考えの根拠を明らかにすることができる。	課題を自分で設定することができ、他者の考えとの相違点を受け止め、自分の考えの根拠を明らかにすることができる。
▲	▲	▲	▲	▲
自分の考えをもって対話し、さらに深く考えることができる子	対話から、自分と他の違いに気付き、自分の考えを深めることができる子	対話から、自分と他の違いに気付き、自分の考えを深め、自分に自信を持てる子	対話から、自分の考えを深めたり、広げたりし、自分の考えを再構築できる子	対話から、自分の考えを深めたり、広げたりし、自分の考えを再構築し、協同的に話し合いができる子

ツール　　振り返りノート　　トーキンググループ

図Ⅲ　9年間の目指す幼児像・児童像

晴海幼稚園・月島第三小学校の研究

対話を通して自ら考え、主体的に学ぶ幼児・児童の育成

幼児の現状

●やり方が決まっていると安心して行うが、思い通りにならないとあきらめてしまうことがある。
●友達や教師に伝えたいことがあっても、言葉で表現できないことがある。

教師の願い

●自分の思いを伝えながら、じっくりと遊ぶ楽しさを味わってほしい。

幼児期の終わりにまで育ってほしい姿

- 健康な心と体
- 社会生活との関わり
- 思考力の芽生え
- 自然との関わり・生命尊重

研究仮説　幼小9年間を通して対話的な学びを重視する教育活動を

目指す児童像	年少（3歳）	年中（4歳）	年長（5歳）	接続カリキュラム	1年生
主体的に学ぶ姿	自分の思いを出しながら十分に遊びを楽しむ。	遊びの目的をもち、自分の力を出しながら、進めていく。	友達とのつながりの中で刺激を受けながら、自分の目的に向けて力を発揮して実現していく。		学習の見通しをもって、互いの意見を認め合い、自分の考えをもって活動できる。
対話の姿	自分の思いを安心して表すことができる子	相手の思いに気付きながら、自分の思いを伝えることができる子	自分の考えを相手に分かるように伝えることができる子		自分の考えをもって対話し、自分なりに考えることができる子

環境の工夫　　考えるための技法　　**対話を深める**

出典：中央区教育委員会『幼児教育と小学校教育9年間の学びをつなぐ～中央区立晴海幼稚園・中央区立月島第三小学校の取組を通して～』をもとに作成

者のねらいや意図、教材や環境に込めた思い、幼児期からの、また小学校以降の教育へのつながりなど、幼児・児童の実際の姿を通して丁寧に説明しました（写真参照）。

②発達や学びの連続性を意識できる指導案

幼小の教育課程や指導法の違いを踏まえ、互いの教育を見通すことができるように、「幼児期の終わりまでに育ってほしい姿」を手がかりに発達や学びの連続性を具現化できる指導案を工夫しました（88～92ページの事例参照）。

参観ウィークの様子

幼稚園教員が小学校教員に、保育の様子について「解説」します。幼稚園教諭の言動に込められた意図や思いを丁寧に伝えることで「見えにくい」保育を伝えることができます。

③「対話を深めるツール」の設定

「目指す幼児像・児童像」にせまるために、教員の指導の工夫を「対話を深めるツール」として設定しました。これらのツールを発達段階に応じて取り入れることにより、まずは自分自身の考えをもち、それをもとに積極的に対話をすることでさらに思考を深めることができるようにしました。

幼小で共有できるツールがあることは、相互の教育を理解する上で、幼小教員が具体的な策を論議するために有効でした。

※詳細は東京都中央区教育委員会ホームページ等参照https://www.city.chuo.lg.jp/kosodate/gakkokyouiku/_user_sidou_time_202105241514.html

3 幼稚園教員・小学校教員の変容

以上の取組を3年間にわたって行ってきたことで、幼小それぞれの教員の意識が変容してきています。

まず、実際の指導を見る機会を意識してもつようにしたことや、リアルタイムで幼児や児童の様子を「解説」することで、指導案からだけでは見取ることのできない「学び」の実際を理解することができるようになってきています。

さらに、連続性のある指導案の作成や幼小両方で活用できるツールの開発を幼小の教員で進めてきたことで、幼児・児童の姿を通じた話し合いが生まれ、学びの連続性を「実感」できるようになってきています。

3 評価・改善

1 子どもの育ちの視点

令和元年度11月に、小学校第5、6年生204名にアンケートを実施しました（図Ⅳ）。

研究を始めた頃は、話し合いの場になると一方的に話すだけで対話が成立していない状態でしたが、話し合いが活性化し、そこから自分の考えを深められたことを大部分の児童が感じるまでに成長したということが読み取れます。また、対話（話し合い）をすることに対して肯定的な児童が多いことにも研究の成果を感じます。

9年間の「目指す児童像」を見通して、各教科各学年が育てたい目標を明確に、対話を深めるツールを取り入れながら、教員が授業づくりを行うことができたことが、このアンケート結果につながったと考えています。

幼稚園児については、アンケート等の実施は難しかったものの、「幼児期の終わりまでに育ってほしい姿」を手がかりに遊びの中でどのような力が育っているのかを意識して援助する

図Ⅳ　取組に対するアンケート結果

Q1　話し合いの活動の中で、友達の意見から自分の考えを広げることができたか?

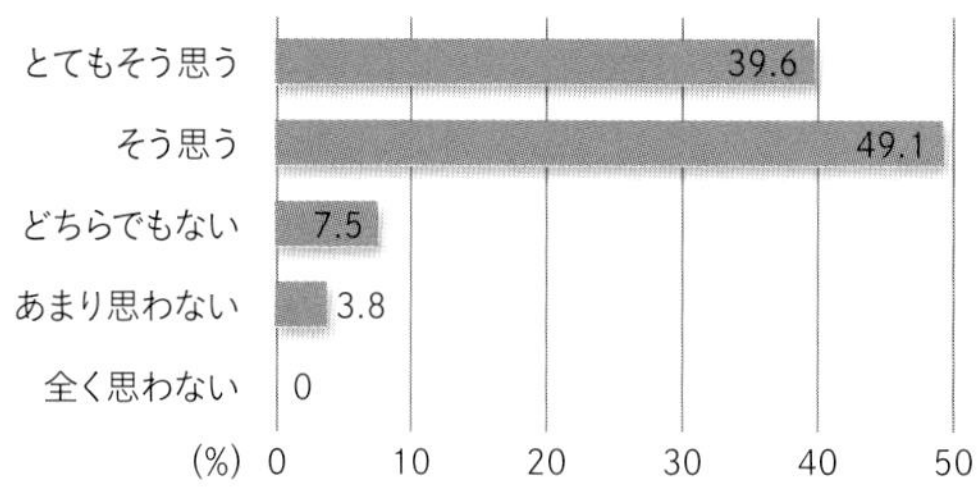

Q2　話し合いの活動の中から、自分の考えを深めることはできたか?

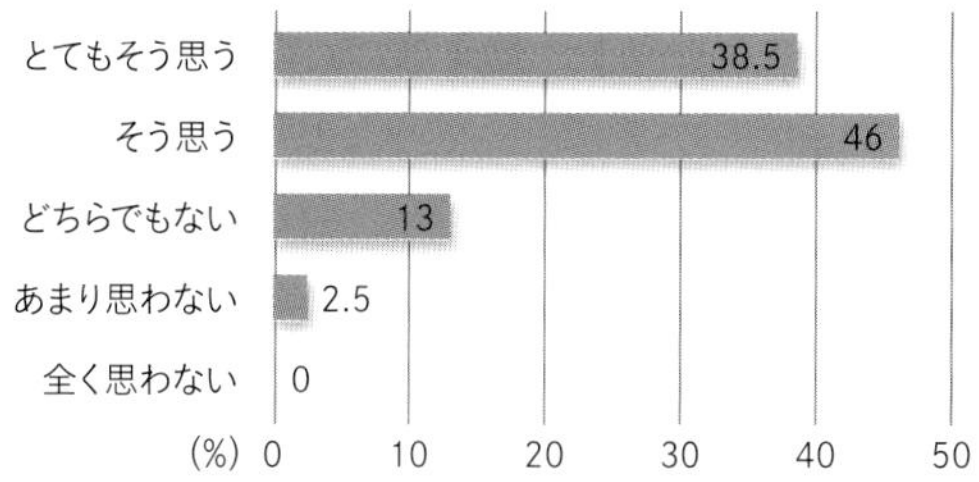

Q3　話し合い活動の中から、課題を見つけ自分で解決できるように取り組むことができたか?

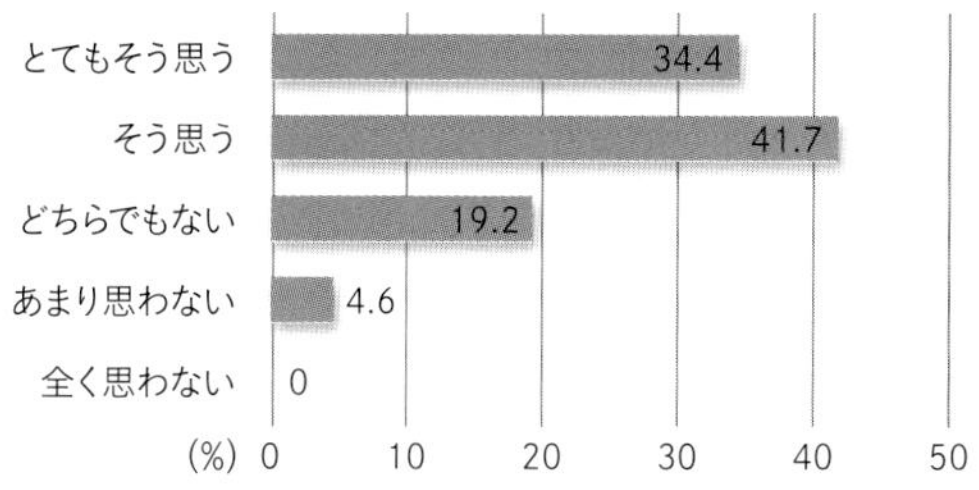

ようになったこと、さらに、「目指す幼児像」に向かって段階的に課題を設定し実践したことで、5歳児の終わりには共通の目的に向けて幼児同士が主体的に思いを伝え合う姿につながったことを感じることができました。

2 カリキュラムの見直しの視点

本研究では、幼児・児童に対する共通の課題や教員の願いからカリキュラム作りが始まりました。「目指す幼児・児童像」を設定したことで、そこに向けての保育・授業づくりが明確になり、そして目指すものが同じであるからこそ幼小双方の教員で協議が闊達になり、議論が深まりました。

それらの議論の中から生まれたカリキュラムについて、「目指す幼児・児童像」が実態に合ったものになっているのかについては時折確認して進めていくことが必要です。今回はコミュニケーション能力に主に視点を当てて作成してきましたが、別の観点からの課題が出てきたときには、今回と同じように「9年間でどのように育てていくか」という育ちのつながりを考えていく必要があります。そこから、幼小それぞれの方法で目指す幼児・児童像に迫る実践を積み重ねていくことができると思います。

特に、「接続カリキュラム」については、小学校入学当初(4月~9月上旬)を、幼児期の「続き」として「15期」「16期」として捉え(76ページ参照)、小学校の指導内容が具体的にどのようにつながっているかを確認したことで、幼児期の経験を生かしながら生活することができるようにし、さらに小学校の授業をはじめとするさまざまな活動場面で「無自覚的な学び」と「自覚的な学び」をなめらかにつなげるようにしました。

幼児期は5歳児の育ちとして、さまざまな活動の中から総合的に子どもの成果を見るのに対し、小学校では「教科」のねらいはあっても「1年生としての育ち」について語られることは少ないです。そこで、小学校入学当初は、生活科を中心とした合科的な活動を中心に展開されることから、総合的な育ちを意識した「ねらい」の立案が必要となります。幼児期の経験を生かしながら、そこに積み重ねていくような「ねらい」や学習内容をさらに具体的に考えていくことが今後の課題です。

【事例】小学校における「目指す児童像」を支える接続カリキュラム

東京都中央区立月島第三小学校

「目指す児童像」の達成のために、各学年ごとにさまざまな実践を行っています。ここでは1年生入学時と5年生総合的な学習の時間の実践から、それを支えるカリキュラムについて紹介します。

1 校区の特色

東京都中央区晴海は、隅田川河口の湾岸地域に位置し、高層マンションや高層のオフィスビルが林立しています。学区域の中には、東京２０２０オリンピック・パラリンピックの選手村もあります。多くの児童が高層マンションから通学していますが、一部、下町風情の残る月島からも通学しています。児童数は年々増加しており、令和３年度には28学級９２３名です。

2 カリキュラム作成の背景

本校が幼小9年間の育ちに連続性をもたせるために設定している「目指す児童像」（70〜71ページ）を具現化するために、次の３つのカリキュラムや指導計画を作成しました。

①接続カリキュラム（図Ⅰ）

幼児の終わりから小学校第1学年の指導をつなぐために「接続カリキュラム」を作成しました。「幼児期の終わりまでに育ってほしい姿」を手がかりとし、修了・卒園直前の5歳児の姿と、入学してしばらくした1年生の姿をつなぎました。

②生活科・総合的な学習の時間と他教科との横断計画（図Ⅱ）

主体的に学ぶ児童を育成するために、既習事項を生かしながら学習を進めていかれるようにすることが必要と考えました。そこで、この計画を作成し、他教科の学習内容を計画的に関連付けながら生活科・総合的な学習の時間の学習活動を進めていかれるようにしました。

③幼稚園・小学校・保育所交流計画（図Ⅲ）

３つの異なる校種の交流活動を計画的・継続的に進めていけるよう、また、それらの経験を積み重ねたり自校・自園での活動につなげたりしていけるようにこの計画を作成しました。この指導計画があることで、他学年の交流の様子もわかり、交流活動の内容や時期が重なることがありません。

3 取組の成果

①接続カリキュラム

〈発達する「姿」をつなげる〉

併設園・協同研究園である晴海幼稚園は、３年間の幼児の発達を1期〜14期に分けて指導計画を作成しています。接続カリキュラムでは、その発達の「続き」を見通し、第1学年4月上旬〜5月上旬を「15期」、5月中旬〜9月上旬を「16期」として発達する「姿」をつなげました。

つなげる軸として「幼児期の終わりまでに育ってほしい姿」を活用しました。5歳児の終わり、第1学年の入学当初の姿は多々ありますが、ここでは、本校園で掲げている「目指す幼児・児童像」に迫る姿を取り出してつなげました。

幼稚園教諭と小学校教諭が具体的な「姿」を頭に思い描きながら作成したことで、「幼児期までの終わりまでに育ってほしい姿」が具体的にどのようにつながっていくのかが確認できました。

〈「適応」から「つなげる」へ意識の変化〉

この作業をする中で、小学校教員の意識が変化していきました。これまでは小学校の生活にいかに「適応」させていくか、を考えていたのですが、姿をつなげることを考えたことで、就学前教育施設と小学校の教育や生活を「つなげ」ていくかを意識するようになり、それができるような環境設定や活動の組み立てを考えるようになりました。

②生活科・総合的な学習の時間と他教科との横断計画

生活科や総合的な学習の時間の中で、課題に主体的に取り組み、その中で他者との対話を重ねながら自分の考えをさらに構築していく、という「目指す児童像」に迫るためには、基礎的な学習となる他教科の学習と横断的に活動を進めていくことがよいと考えました。

これまでも意識はしてきたものの、このように計画表にしたことで、互いのねらいをより意識して学習に取り組ませるようになりました。

③幼稚園・小学校・保育所交流計画

校種を超えた交流は、互いの活動のねらいが分かりにくく、幼児をおもてなしする単発的なものになりやすいです。そこで、交流計画を作成することで、一過性の「行事」「イベント」にならず、活動や各教科のねらいを達成することを意識した互恵性のある交流活動を計画することができるようになりました。

また、他学年の交流活動を把握することで、交流活動の経験の積み重ねがわかり、発達に応じた各学年の交流活動のあり方を考えることができました。

④教員の意識の変化

これらの指導計画を作成したことにより、合同研究会での意見交換が活発になりました。学びが繋がっていることが目に見えてわかり、さらに「目指す幼児・児童像」へのアプローチがさまざまな方向から考えられたことで、どの学年の教員も自身の担任する学年の立場から意見を述べることができるようになりました。

接続というと「5歳児と1年生」と考えがちですが、学びのつながり長期的にとらえ、誰もが「自分事」として、接続について考えるように、意識が変化していきました。

小学校入学当初

教科教育
より自覚的な学び

→ 小学校学習指導要領

国語科　道徳科
算数科　体育科
生活科　英語活動（本区独自の取組）
音楽科　特別活動
図画工作科

Ｉ5期（4月上旬～5月上旬）	Ｉ6期（5月上旬～9月上旬）
・一日の流れが分かり、朝の支度を自分で進めようとする。	・時間や集団を見ながら、支度を終わらせようとする。
・通学路や交通ルールが分かり、安全な登下校ができる。	
・自分なりに課題をもって学習に取り組むようにする。	・より難しい学習課題に向かって取り組もうとする。
・学習の中で友達と関わり、考えを認め合うことができる。	・学級全体で学習を進めていこうとする。
・学校での約束が分かり、それらを守ろうとする。	・友達に自分の思いを言葉で伝えようとする。
・上学年や先生と関わり、学校では色々な人がいることが分かる。	・学校、家庭、地域での人との関わりの中で、人やものを大切にしようとする。
・思いや願いを実現するために自分自身について考えたり表現したりする。	・思いや願いを実現するために自分自身や自分の生活について考えたり表現したりする。
・生き物に心を寄せ、愛着をもって接しようとする。（生活科 、道徳科、特別活動）	・生き物が変化し成長していることに気付き、より大切にしようとする。（生活科、道徳科、特別活動）
・具体物や図などを用いて数の数え方を考える。（算数科）	・具体物や図などを用いて数の数え方や計算の仕方を考える。（算数科）
・身近なことを表す語句の量を増やし、話の中で使う。（国語科）	・身近なことを表す語句の量を増やし、話や文章の中で使う。（国語科）
・音楽や図工などを通してつくり出す喜びや楽しさを味わおうとする。（音楽科、図画工作科）	・音楽や図工などを通して様々な表現方法を知り、進んで表現しようとする。（音楽科、図画工作科）
○新しい集団での生活に慣れ、自分の思いや考えを表す。 ○新しい友達と触れ合ったり話をしたりして親しみをもつ。 ○小学校のきまりや生活の仕方を、掲示や教師の話から知り、守ろうとする。	○生活や学習の中で、自分の思いや考えを、話し言葉や文字等で表す。 ○生活や学習の中で、友達の考えを聞いたり自分の考えを出したりして、友達と仲良く過ごす。 ○生活や学習の中で、分からないことや困ったことを教師や友達に伝えて解決しようとする。 ○学校や学習のルールを理解し、表示や教師の話から自分なりに見通しをもって行動しようとする。

図１　接続カリキュラム

晴海幼稚園・月島第三小学校　接続カリキュラム

<table>
<tr><th>時期</th><th colspan="3">５歳児後半</th></tr>
<tr><td>学びのスタイルと導要領のつながり</td><td colspan="3">環境を通して行う教育
遊びを通しての総合的な学び
幼稚園教育要領
５領域　健康
人間関係
環境
言葉
表現</td></tr>
<tr><td></td><td></td><td>１３期（１０月中旬～１２月中旬）</td><td>１４期（１月上旬～３月中旬）</td></tr>
<tr><td rowspan="10">学びの姿のつながり（「幼児期の終わりまでに育ってほしい姿」を軸として）</td><td>(1)
健康な
心と体</td><td colspan="2">・日や週の生活に見通しをもち、自分たちで進めようとする。
・安全な登降園の仕方や交通ルールを知り、保護者と手をつないで歩く。</td></tr>
<tr><td>(2)
自立心</td><td colspan="2">・遊びに自分なりの課題をもって 繰り返し取り組み、やり遂げた喜びを味わう。
・課題への取り組みの中で、さらなる課題を見出し、取り組もうとする。</td></tr>
<tr><td>(3)
協同性</td><td colspan="2">・学級・学年の課題を受け止め、自分の力を発揮したりグループで協力したりして取り組もうとする。
・学級のみんなで活動に取り組む中で、互いに励ましたり、よさを認めたりする。</td></tr>
<tr><td>(4)
道徳性・
規範意識
の芽生え</td><td colspan="2">・ルールの意味や大切さが分かり、ルールを守りながら友達と繰り返し遊ぶ楽しさを味わう。
・友達と遊びを進めていく中で、自分と友達との考えに折り合いを付けよりよい方法を考え出そうとする。</td></tr>
<tr><td>(5)
社会生活との
関わり</td><td colspan="2">・３、４歳児や小学生との関わりの中で、相手の立場を踏まえて行動しようとする。
・小学校との交流を通して、小学校の生活について知り、就学に期待をもつ。</td></tr>
<tr><td>(6)
思考力の
芽生え</td><td colspan="2">・自分なりの遊びの目的に向かって、必要な物を選んだり、繰り返し試したり工夫したりすることを楽しむ。</td></tr>
<tr><td>(7)
自然との
関わり・
生命尊重</td><td colspan="2">・栽培物の世話を通して生長に関心をもち、友達に伝えたり共に喜んだりする。
・身近な自然現象や自然の変化に気付いたり、遊びに取り入れたりする。</td></tr>
<tr><td>(8)
数量や図形、
標識や文字への関心・感覚</td><td colspan="2">・遊びや生活の中で、必要なことを伝えるために文字や数字を使ってみようとする。</td></tr>
<tr><td>(9)
言葉による伝え合い</td><td colspan="2">・友達と考えを出し合ったり、受け入れ合ったりしながら言葉で伝え合う楽しさを味わう。
・友達と話し合う中で、自分の思いを伝えるために言葉を選んで相手に分かるように伝えようとする。</td></tr>
<tr><td>(10)
豊かな感性と
表現</td><td colspan="2">・身近にある様々な素材の特徴や表現の仕方などに気付き、感じたことや考えたことを必要な物を選んで自分で表現しようとする。
・劇遊び、歌や合奏で、ストーリーや歌詞、曲想に合わせて表現の方法を自分なりに工夫しようとする。</td></tr>
<tr><td>ねらい</td><td colspan="2">○友達との遊びの中で共通の目的に向かって友達と考えを出し合ったり力を合わせたりして、協力していく楽しさややり遂げていく満足感を味わう。
○その子らしさを受け止めて力を合わせたりつながりを深めたりしながら園や学級の課題をやり遂げるようになる。
○生活の流れに見通しをもちその場にふさわしい行動を考えていくようになる。</td><td>○その子らしさが分かり、認め合ったり受け入れ合ったりしながら共通の目的をもって遊びを進める。
○学級全体の活動の中で、互いの持ち味を発揮し認め合いながら協力して進めていく満足感を味わう。
○生活に見通しをもち楽しみながら進めていき充実感を味わう。</td></tr>
</table>

10月	11月	12月	1月	2月	3月
こうえんとなかよし あきとなかよし	あきとなかよし	かぞくとなかよし	ふゆとなかよし	もうすぐ2ねんせい	
《国語科》 ともだちのこと しらせよう よこがきのかきかた しらせたいな 見せたいな 《算数科》 10より大きいかず 《道徳科》規則の尊重、善悪の判断（みんなで使う物、場所）	《国語科》 ともだちのこと しらせよう よこがきのかきかた しらせたいな 見せたいな	《国語科》 ともだちのこと しらせよう よこがきのかきかた ねんがじょうをかこう 《道徳科》家族愛 《特別活動》 もうすぐふゆやすみ	《国語科》 ともだちのこと しらせよう よこがきのかきかた 《英語活動》 日本の文化 《音楽科》 日本のうた	《道徳科》もうすぐ2ねんせい 《国語科》いいこといっぱい1ねんせい 《特別活動》おわかれおたのしみかいのけいかくをたてよう 《英語活動》1ねんかんのまとめ 《体育科》うんどうとあなたのからだ	
みんなでつかう まちのしせつ	もっとなかよし まちたんけん	つたわる広がる わたしの生活	あしたへジャンプ		
《国語科》 ことばでみちあんない そうだんにのってください	《国語科》 メモをとるとき 《道徳科》国や郷土を愛する態度	《国語科》 こんなもの、見つけたよ 《道徳科》感謝	《国語科》すてきなところをつたえよう 《道徳科》個性の伸長・感謝・命の尊さ		

〔伝統・食育・栽培〕晴海産大豆を育てよう！ 35時間

国語から導入→大豆を育ててみよう→社会科から
→昔の道具を使ってみよう→（茶道体験）→きなこ餅作り（すりこぎ&七輪）

《国語科》「すがたをかえる大豆」「食べ物のひみつを教えます」
《社会科》「くらしの うつりかわり」・むかしの道具　《理科》野菜を育てよう！

25時間

中央区の自慢できるポイントを探す→発信

《図画工作科》夢のまち

〔キャリア〕
自分10年史 10時間

《特別活動》10歳おめでとう！
《音楽科》歌唱で伝える気持ち

〔キャリア・ものづくり〕幼稚園の 先生にチャレンジ！ 35時間

・就学時健診のために年長さんを知ろう→幼稚園の先生に就任→6年生として1年生を迎える準備をしよう〈交流〉幼稚園（長）

《国語科》よりよい学校生活のために　《図画工作科》わくわくプレイランド
《行事》就学時健診　《道徳科》バトンをつなげ

〔キャリア〕マイロード → 今自分ができること 25時間

・自分計画→就きたい仕事　・夢→仕事　・夢を叶えるための計画　・職業体験・卒業に向けて

《国語科》「みんなで楽しく過ごすために」　「今、私は、ぼくは」
《道徳科》夢を持つこと

図Ⅱ　生活科・総合的な学習の時間と他教科との横断計画

月島第三小学校 生活科・総合的な学習の時間と他教科横断計画

		4月	5月	6月	7月	9月
生活科	1年生	がっこうとなかよし	がっこうとなかよし	がっこうとなかよし いきものとなかよし	いきものとなかよし なつとなかよし	いきものとなかよし なつとなかよし こうえんとなかよし
関連 他教科	1年生	《国語科》 どうぞよろしく なんていおうかな こんなものみつけたよ 《体育科》たのしくあそぼう　おにあそび 《音楽科》うたっておどってなかよくなろう 《道徳科》よりよい学校生活集団生活の充実 《特別活動》自分の組や使う場所を覚えよう 教室でのすごし方	《国語科》 ききたいな ともだちのはなし 《体育科》 こていしせつあそび 《図画工作科》 みてみてあのね 《道徳科》節度節制 《特別活動》 気をつけよう 学校の行き帰り	《国語科》 わけをはなそう 《図画工作科》 あじさいをつくろう 《道徳科》自然愛護 《特別活動》 係を作ろう	《国語科》 すきなものなあに 《体育科》水あそび 《図画工作科》 すなやつちとなかよし 《道徳科》節度節制 《特別活動》 もうすぐなつやすみ	《国語科》 ききたいな ともだちのはなし 《算数科》 なんじなんじはん 《体育科》かけっこリレーあそび 《道徳科》自然愛護生命の尊さ善悪の判断、自由 《特別活動》 規律、自由と責任
生活科	2年生	春だ 今日から2年生 大きくなあれ わたしの野さい	大きくなあれ わたしの野さい どきどきわくわく まちたんけん	どきどきわくわく まちたんけん 生きものなかよし 大作せん	生きものなかよし 大作せん	うごく うごく わたしのおもちゃ
関連 他教科	2年生	《道徳科》 自然愛護 よりよい学校生活	《国語科》 かんさつ名人になろう 《算数科》 長さのたんい	《国語科》 ともだちをさがそう	《国語科》 こんなもの、 見つけたよ ともだちをさがそう	《国語科》 おもちゃの作り方をせつ明しよう 《図画工作科》 ストローでこんにちは
総合的な 学習の時間	3年生	**〔食育・環境〕おいも博士になろう！　25時間** さつまいもの苗植え体験さつまいもについて知ろう（種類・栽培・料理） →幼稚園児にさつまいもの事を教えよう→一緒に収穫祭！〈交流〉幼稚園（長）				
関連 他教科	3年生	《国語科》「気もちをこめて『来てください』」　「はじめて知ったことを知らせよう」 《理科》植物の育ち方　《道徳科》思いやりの心「やさしい人大さくせん」				
総合的な 学習の時間	4年生	**〔福祉〕あたたかい町へ　25時間** バリアフリー→体験→晴海の町の工夫→発信			**〔地域〕自慢の町・中央区！** 後藤新平について社会科で知る→	
関連 他教科	4年生	《道徳科》福祉　《体育科》パラスポーツ			《社会科》後藤新平の業績	
総合的な 学習の時間	5年生	**〔環境・地域〕月島エコタウン　25時間** リサイクルとは？→中央区の取り組み→自分ができることを発信				
関連 他教科	5年生	《算数科》割合　《家庭科》整理・整頓で快適に 《体育科》心の発達				
総合的な 学習の時間	6年生	**〔地域・伝統〕晴海・月島　今昔物語　35時間** →江戸時代の晴海・月島 を知る→草市の始まりを知る→草市に参画　〈交流〉幼稚園（全）				
関連 他教科	6年生	《社会科》歴史 《国語科》「私たちにできること」　「聞いて、考えを深めよう」				

10月	11月	12月	1月	2月	3月
近隣保育所・幼稚園・こども園⇔1年 みんなで遊ぼう 交流・授業見学	近隣保育所・こども園⇔5年 保育園の先生にチャレンジ				年長⇔1年 ようこそ月三小へ （近隣保育所・こども園）
年少・年中・年長 運動会・事後活動 リズムや競技、係活動を教え合う。 年長⇔3年 さつまいも掘り	1年⇔年中 あきとなかよし 自然物を使った遊びを教わる。 近隣保育所・幼稚園・こども園⇔1年 みんなで遊ぼう 交流・授業見学 年長⇔5年 幼稚園の先生にチャレンジ! 5年生がつくったコーナーで遊ぶ	年少・年中・年長 こども会 劇や合奏を見せ合う。	年少・年中・5年⇔年長 はるみランド 年長児がコーナーをつくり、年少・年中・5年生を招待する。 年長⇔1年 年中⇔1年 1年⇔2年 生活科 昔遊び名人になろう! けんだま お手玉 あやとり だるまおとし めんこ こま おはじき	年中⇔年長 当番引き継ぎ 年長児が当番活動や誕生会の司会を年中児に引き継ぐ。	年少・年中・年長 お別れ会 年中児が中心となり、お別れ会を開く。
1年⇔年中 生活科 こうえんとなかよし 公園探検から見付けたお気に入りを伝える。 年長⇔3年 総合的な学習の時間 さつまいも掘り 5年⇔年長 総合的な学習の時間 幼稚園・保育園の先生にチャレンジ! 就学時健診→幼稚園・保育園の先生になる!→1年生を迎える準備	1年⇔年中 生活科 あきとなかよし 近隣保育所　1年 生活科 みんなで遊ぼう 3年⇔4年 特別活動 初めての宿泊行事 4年生で行く初めての宿泊授業についてや現地での学びについて知る。	4年 国語科 冬のたのしみ カルタ遊び 5年⇔6年 特別活動 最後の宿泊! 富士山に登ろう 最高学年として最後の宿泊行事について知る。	年長⇔5年 総合的な学習の時間 はるみランド 年長児がコーナーをつくり、5年生を招待する。	3年⇔4年 特別活動 高学年のスタート クラブ活動など学校のために動くことについて交流する。 5年⇔6年 バトンを受け継ごう 特別活動 6年生としての姿や活動について交流する。	1年⇔年長 生活科 ようこそ月三小へ 1年～5年 6年生、ありがとう! 特別活動 6年生を送る会に向けて 4年⇔5年 特別活動 学校を支えていこう 来年度始まる委員会について、仕事内容や担当頻度などについて交流する。

図Ⅲ　幼稚園・小学校・保育所交流計画

令和3年度　晴海幼稚園・月島第三小学校・近隣保育所交流計画

	学年	4月	5月	6月	7月	9月
近隣保育所				**近隣保育所・こども園⇔6年** 我が町 晴海プロジェクト		
晴海幼稚園	年少（3歳）	**年少⇔年長** 幼稚園へようこそ 年長児と遊ぶ。身支度等を一緒に行う。		**年少・年中・年長** カレーパーティー 年長児が準備・カレー作りを行い、年少・年中児と一緒に食べる。		
晴海幼稚園	年中（4歳）					
晴海幼稚園	年長（5歳）	**年少⇔年長** 幼稚園へようこそ 年少児の世話や手伝いをする。	**年長⇔3年** さつまいもの苗植えのお願い	**6年⇔年長** 我が町晴海プロジェクト 月島草市に参画する。		**1年⇔年長** 生活科 がっこうとなかよし 学校探検で学んだことをクイズにして伝える。
月島第三小学校	1年	**1年⇔2年** 生活科 あさがおさんとなかよし 1年生のときに採ったあさがおの種をもらう。 特別活動　1年生ようこそ！　1年生を迎える会に向けて				
月島第三小学校	2年					
月島第三小学校	3年		**年長⇔3年** 総合的な学習の時間 さつまいもの苗植え （柏学園）			
月島第三小学校	4年					**4年⇔5年** 特別活動 臨海学校に行こう 4年生との宿泊の違いや海での注意などを知る。
月島第三小学校	5年					
月島第三小学校	6年	**1年⇔6年** 生活科　総合的な学習の時間 ようこそ小学校へ		**6年⇔近隣園児** 総合的な学習の時間 我が町晴海プロジェクト 月島草市に参画する。		

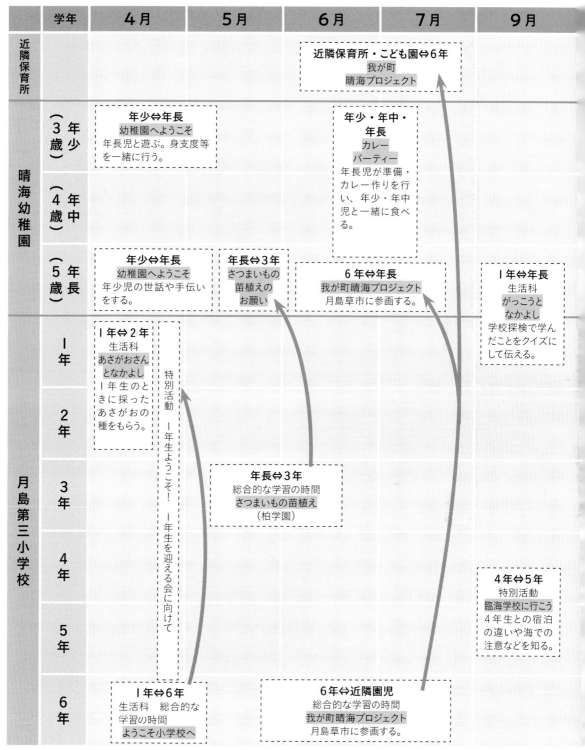

1年生入学当初の活動の工夫

9年間の学びの連続性を保つために、1年生入学当初は幼稚園等の遊びや生活を通した学びと育ちを基礎として、主体的に自己を発揮し、新しい生活を作り出していくことが必要です。そこで、幼稚園・小学校教員が協議を行い、入学当初の児童が安心して学校生活を送ることができるように、幼稚園等の生活に近い活動を取り入れました。

①入学当初の4つの活動

本校では、幼児期の学びを活かして新しい環境下でも自分の力を発揮できるように、入学当初の生活を4つの活動（にこにこタイム・なかよしタイム・わくわくタイム・しんけんタイム）に分けました。

②入学から3週間の時間割

これらの活動を組み合わせ、入学から3週間の時間割を作成しました。入学当初は、幼児期

にこにこタイム

登校後、自分で好きな遊びを選択して取り組む活動

折り紙、季節感を感じられる塗り絵、けん玉、オセロ、カードゲームを準備し、自分で選べるようにしました。教室の後方にはござを用意しリラックスできる空間としたことで、友達とカードゲームをしたり、本を読んだりして過ごす姿が見られました。この活動を通して、児童の安心感が生まれ、授業に落ち着いてのぞむことができ、さらに、友達同士が関わりをもつきっかけにもなりました。

なかよしタイム

ダンスや歌などで体と心をほぐし、全員で取り組み、学校生活に慣れるための活動

主に、学級活動・生活科・音楽の時間を使い、歌やダンス、ゲームや絵本の読み聞かせをすることを通して、児童の体と心をほぐし学校生活を楽しむきっかけをつくりました。児童に所属意識が芽生え、人間関係が広がりました。

わくわくタイム

生活科を中心に、他教科と関連付けて合科的に行う活動

生活科を中心とし、他教科と関連付けて合科的に行いました。たとえば、従来の学校探検では2年生が案内していましたが、1年生が必要感をもって自分たちで新しい発見をさせることを重視し、自分たちで行きたい場所を考え、学級ごとで探検を行いました。学校探検の中で感じた疑問、期待、憧れなどを、絵や言葉で伝え、体験をきっかけに各教科につなげることができました。

しんけんタイム

教科に関係する学習や集団で集中させたい活動

の学びの芽生えから児童期の自覚的な学びへの連続性をもたせることを意識しました。あわせて、児童が安心して生活を送ることができるように、にこにこタイムを基本に、なかよしタイム、わくわくタイムを中心に構成しました。その中で、生活科を中心として驚きや発見を大切にし、学ぶ意欲が高まるように活動を構成しながら、段階的に、しんけんタイムの割合を増やし、自覚的な学びへとつなげていきました。

③入学時に安心して過ごすことができる教室環境

幼児教育と小学校教育を接続していくためには、学びだけではなく、生活のしかたや教師の言葉かけ、歌やリズム遊びなどの活動に幼稚園や保育所と似た要素をもたせるなど、安心して小学校生活を送ることができるように環境や生活に配慮することも必要です。そこで、保幼小の教員が三月末に集まり、就学前に楽しんでいた遊びを紹介し合いました。

視覚的にわかる掲示の工夫

成果：児童が安心して学校生活を始めることができた。

朝、児童が教室に入った時にその日の流れがわかるよう、黒板に一日の流れを絵と文字で掲示をしました。

視覚的な掲示については、幼稚園や保育所で行っていた方法を保育士、幼稚園教員、小学校教員で情報共有し、より効果的な掲示の仕方について一緒に考えました。

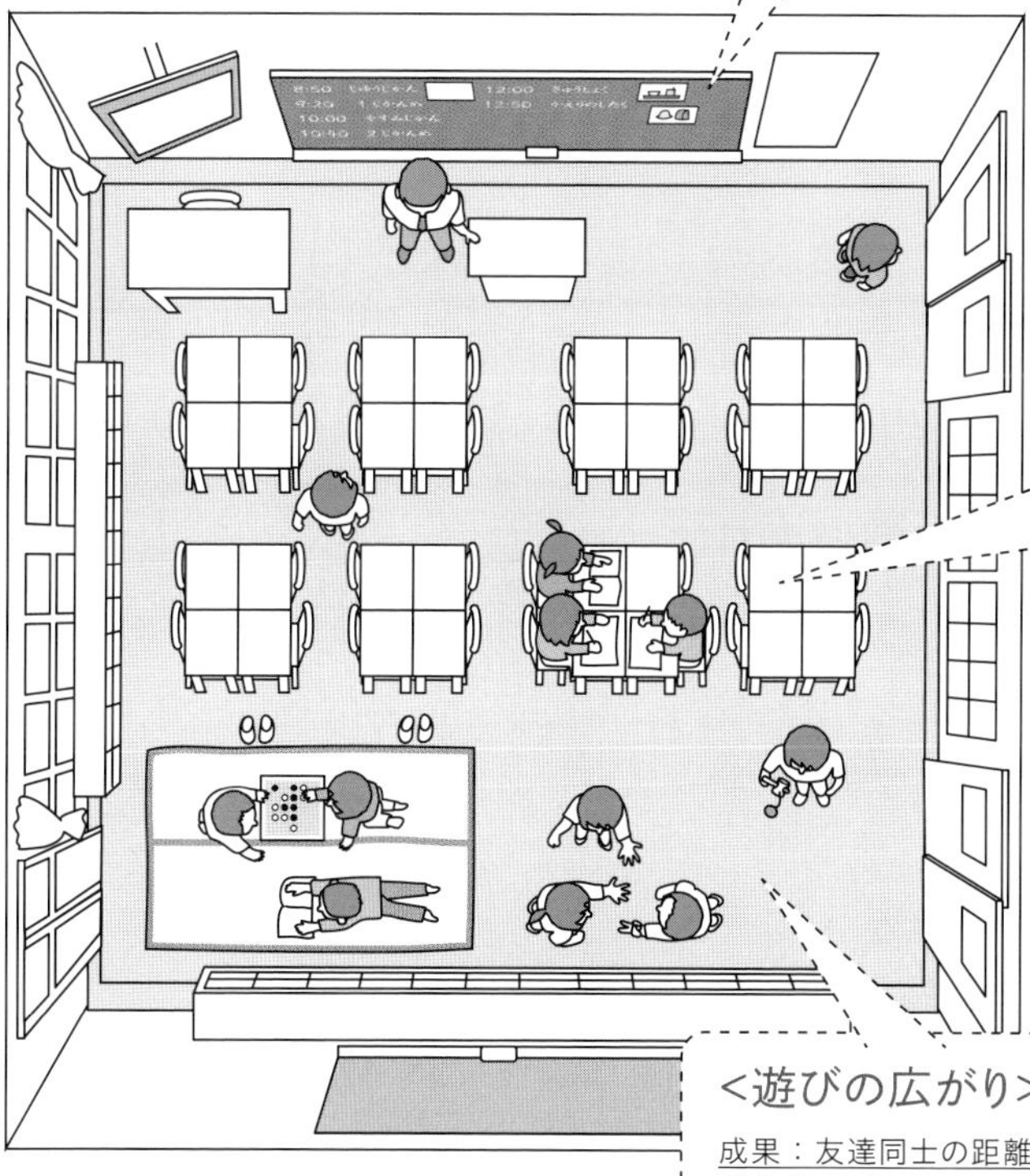

<幼児期と同じ机の配置>

成果：児童が段階を経て小学校生活に適応することができた。

保育所、幼稚園では、制作活動やグループ活動を互いの顔を見合わせるグループ型の座席で行うことが多くあります。これを踏まえ、入学時は座席をグループ型にしました。

これまで生活してきた環境と同じにすることで安心して活動し、友達と関わることができると考えたからです。

終日、この配置で過ごすのではなく、集中して活動する必要がある場面では、前向きでの座席の配置にしました。

<遊びの広がり>

成果：友達同士の距離が縮まった。

登校後は「にこにこタイム」です。これは、数種類用意した遊びを児童が選択し、取り組む時間です。保育所や幼稚園で親しんでいた遊びを準備しました。また、畳やゴザを準備し、友達同士が共に遊ぶことができるようにしました。

「にこにこタイム」を検討する話し合いでは、保育士や幼稚園教員から、用意する折り紙の色や数量の考え方などを情報提供したり、活用していた折り紙の絵本を貸し出したりするなど、一緒に考え連続性を意識しながら進めていきました。

交流活動5年生 総合的な学習の時間「幼稚園の先生になろう」

①活動の準備と単元計画の作成

交流活動では継続的な活動を通して、どのような資質・能力を育むのかを意識しました。互いの学習のねらいを達成するために、ねらいを共有し、どのような取組を進めていくのかを計画、実行したことで、互恵性のある交流活動が展開され、幼児、児童の主体性が育まれるとともに、教員の資質向上を図ることができました。

はじめに園長や幼稚園教諭から、幼稚園の先生の仕事について話してもらい、幼児を楽しく遊ばせるだけではないことを5年生の児童に理解させました。幼児との交流活動を主に置きながら、幼児のために何ができるかを自分たちで考え、企画し、そのために準備を進めていくことで、「目指す児童像」（70～71ページ）に迫るための単元計画を立てました。

幼児、児童は運動会、就学時健診などの行事や日常生活を通した交流活動を継続的に行ってきました。併設園なので、児童は幼児の様子を知るために自主的に休み時間に保育室に来たり、幼稚園教員に遊びの内容や配慮点を質問したりするなど、幼児を理解しようとする姿が見られました。また、幼児も、児童と触れ合う機会が増えるにつれて、親しみをもちながら関わる姿が見られました。

②合同指導案の作成

交流活動当日、幼稚園教員、小学校教員が互いの活動のねらいを意識して指導に当たれるように、合同指導案を作成しました。

交流当日の合同指導案を作成する過程で、幼稚園教員、小学校教員が幼児、児童への願いや達成するための指導方法等を繰り返し話し合いました。

指導案作成については、本時に至るまでにどのような学びを経てきているかということをもとに今回指導案を作成しました。

5年生 総合的な学習の時間
「幼稚園の先生になろう」のねらいと活動の流れ

●ねらい

幼稚園児との交流活動を体験することによって、人との関わりを深めるとともに、他者と共同して課題を解決する。

●活動の流れ

❶幼稚園児を知る！
- 就学時健診までに、園児の実態を知る。
- 健診に自分たちができることを考える。

❷幼稚園児との出会い！
- 就学時健診で出会う。
- 振り返り「もっと遊びたい…」
- 園長から「幼稚園の先生やってみる？」と提案。

❸幼稚園の先生にチャレンジ！
- 計画（話し合い）
- 準備（インタビュー・見学）
- 最終準備（話し合い）
- 交流
- 振り返り（話し合い）

❹１年生になるまでに自分たちができる事
- 園児が１年生になるときに、安心して小学校生活をスタートできるように、ぼくたち・わたしたちができることはないかな？（スタートカリキュラムと連結）

第５学年　総合的な学習の時間　学習指導計画案

令和元年 10 月 23 日（水）第５校時
中央区立月島第三小学校　第５学年２組 33 名
授業者　○○　○○

1　単元名（仮）「幼稚園の先生にチャレンジ」

> 「対話を深めるツール」（70ページ）を効果的に活用し、個々の思考を深められるように工夫します。

○指導計画・評価計画

（総合的な学習の時間 25 時間）（国語科6時間）（行事　就学時検診2時間）

次	時	主な学習活動	◎教師の手だて　★評価規準
❶幼稚園児を知る！	①	・就学時健診に向け、児童が幼稚園児と関わる事を知り、幼稚園児の実態を考える。	◎イメージマップ（考えるための技法）を使い、学級全体で話し合う。実態を詳しく知るために、インタビューをし、情報収集が必要だと気付かせる。 ★自分の意見をもち、話し合いから自分の意見をさらに広げる事ができたか。（総合ノート）
	②③④情報収集	・園児について、詳しく知るために、どうしたらいいか考える。 ・晴海幼稚園園長や幼稚園教員にインタビュー、園児を見学するために、どのような準備をしたらいいか考える。 〈国語科〉 ・インタビューや幼稚園見学をして情報収集する。 （２時間） 他教科で学んだことを実践する機会を設け、教科での学習を生かして活動が展開されるように工夫しています。	◎環境の工夫（関連する本を意図的に設置）により、児童からアイディアを出しやすくする。 ◎園長や教員と入念に打ち合わせ、児童に話してほしいポイントをおさえておく。 学習のねらいを幼稚園教諭とも共有し、確実に達成できるようにします。 ・幼児期の終わりまでに育ってほしい姿について（遊びのめあてについて） ・環境の工夫 ・小学生との違い ・小学校入学に向け取り組んでいる事 ・幼児と関わる時、気を付けていること ★積極的にインタビューできているか。 ★相手を意識した話し方でインタビューする事ができているか。 ★見学して気付いた事を総合ノートにまとめることができているか。
	⑤整理分析　まとめ	・情報を全体で共有し整理分析する。 （インタビュー） ○先生方の思い ○小学校との違い （園児の見学） ○行動 ○言動 ○好きなもの ○好きな遊び ○先生の接し方	◎それぞれの情報を共有するために、調査結果をまとめる。 ★グループで協同して、まとめることができているか。 ・幼稚園の先生に意欲的に質問している。 ★園児の様子を観察したり、幼稚園の先生に相談したりすることで、解決の方法や手段を考え、見通しをもって計画を立てることができる。

出典：中央区教育委員会『幼児教育と小学校教育９年間の学びをつなぐ～中央区立晴海幼稚園・中央区立月島第三小学校の取組を通して～』をもとに作成

合同指導案

◇ 年中組（4歳児）・5年生合同指導案 ◇

年中組活動名
「5年生と遊ぼう！」
いるか組　29名　保育者　○○　○○
あしか組　29名　保育者　○○　○○
【ねらい】
5年生との交流を通して、自分から進んで人や遊びに関わる楽しさを感じる。

5年生活動名
「幼稚園の先生にチャレンジ！」
5年2組　　33名
指導者　　○○　○○
【目標】
幼稚園児との交流活動を体験することによって、人との関わりを深めるとともに、他者と協同して課題を解決する。

1．日時　令和2年1月24日（金）　13：00〜14：10
2．場所　晴海幼稚園年中組保育室
3．展開

	年中組		5年生
時間	○幼児の動き ☆援助・環境	主な活動	●5年生の動き ★手だて
13：00	○各遊びの紹介を聞く。 ☆5年生の話を、興味をもって聞けるように、期待する気持ちに共感したり、遊びの楽しさを伝えたりする。	①5年生による各遊びのCMタイム！	★年中組の先生として、遊びの中で意識することを再確認してから、保育室へ行く。 ●CM担当は、年中児の前へ出て説明する。 ●準備担当は、自分の担当グループでセッティングをする。
13：10	○ブースを回って遊ぶ。 ☆困ったことや聞きたいことがあるときには、案内役の5年生に聞くことができるように声を掛ける。 ☆スタンプを集められているか様子を見守ったり、回れていない幼児には声を掛けたりする。 ☆やりたいことが見付からない幼児、緊張している幼児には、教師が一緒に回ったり、5年生に関わって教えてもらえるようにしたりする。	②交流活動 （①遊び15分―移動トイレ5分―②遊び） ・絵本 ・工作 ・的当て ・ボーリング ・パズルなど （15分交代） ※4歳児がすべての遊びができるよう、スタンプラリー形式とする。	13：10〜13：45 ●（A）1回目→案内係　2回目→ブース （B）1回目→ブース　2回目→案内係 ★計画通りに進められているか、ブースごとに確認する。 ★幼児の状況に適した態度で接すことができているか確認する。 ★交代の合図、終了の合図は、雰囲気を壊さないように音楽を流す。 （役割分担の一つとして5年生が対応する。） ★自分から動き出せない幼児に、児童が寄り添って動いているかを確認する。
13：45	○5年生に楽しかったことを伝える。 ☆自分から話し出せない幼児には、教師が問いかけたり、代弁したりする。 《評価》 ・自分からいろいろなブースに関わって遊びに繰り返し取り組んでいるか。 ・自分から5年生に関わって動いているか。	③インタビュータイム！ （5年生→4歳児） （4歳児→5年生） 司会：5年生	★一緒に遊んで楽しかったこと、嬉しかったことなど、感想を伝え合わせる。 ★司会者を決め、インタビューの雰囲気をつくる。 《評価》 ・課題達成のために対話を通して、他者と協力的に取り組むことができている。
13：50 14：10	○降園準備をする。 ☆5年生の話を聞いて、動けるように声を掛ける。 ☆自ら動いたり、5年生にやり方を知らせたりする姿を見守る。 ○降園する。	④帰りの身支度。 帰りの挨拶。 見送り。 （降園まで5年生が先生役として対応する。）	●13：50〜14：10 年中組の帰りの会、見送りを行う。 ★玄関で年中組の園児を保護者に引き渡すまで先生役として5年生に責任を担わせる。 ●14：10〜14：25　片付け 今日の振り返り 次時への話し合い

③児童の育ちと活動の評価

児童は、自分たちが企画したことが実現できたことで、大きな達成感を得ることができました。この経験を通して、コロナ禍における球技大会の企画や運営に取り組むなど、いろいろなことに挑戦したいという気持ちを育むことができました。

交流をした幼児も、これまで継続的に交流してきた、親しみのある5年生との活動であったため、安心して関わり、遊びを楽しむことができました。交流活動で経験した遊びを、自分たちで再現したり、作り替えたりするなど、遊びが広がりました。

この活動を支えるために、幼稚園教員と小学校教員が常に互いの活動のねらいを共有したことが大きな強みとなりました。児童の学習を進めるためには幼稚園教員も児童に接する機会があります。その際に、単元のねらいを幼稚園教員に意識してもらうことで、ともに学習を進めていくことができました。

幼児の様子を聞きに来る

5年生が「幼稚園の先生」なるために、幼稚園教諭に幼児の様子を聞きに来ています。

交流当日

幼稚園教諭へのインタビューから学んだことを生かし、目線を落とし幼児が親しみやすいような表情で話しています。

校長からのひとこと

幼小連携接続に取り組むことで、子どもは遊びの中で培った学びの根にしっかりと支えられた力を付けることができます。小学校側から就学前教育施設に声を掛け、敷居を下げることが成功の秘訣です。

中央区立
月島第三小学校
校長
小野内雄三

【事例】「目指す幼児像」を支えるカリキュラム

東京都中央区立晴海幼稚園

幼小9年間の育ちの連続性を見据えた「目指す幼児像」を実現するためのカリキュラムと、それを具現化した実践例を紹介します。

1 校区の特色

月島第三小学校と併設である晴海幼稚園は、3年保育7学級196名（令和2年4月時点）です。ほとんどの幼児が高層マンションに居住しています。

2 カリキュラムの特徴

本園では、幼小9年間で設定した「目指す幼児像・児童像」にせまるために、既存の幼稚園3年間の指導計画を見直しました。「目指す幼児像」を具現化するという視点で作成した学年ごとの「晴海幼稚園　年間指導計画」の中で、特に5歳児の13期・14期は、接続カリキュラム（76～77ページ）と対応させ、小学校接続を見通した5歳の終わりの教育課程になるように工夫しました。

指導計画に基づいて実施した研究保育では、幼小の教育課程や指導方法の違いを踏まえ、互いの教育を見通すことができるように指導案を工夫しました。幼児期に育まれた資質・能力の基礎を小学校以降の教育につなげていけるよう、その保育のねらいについて、小学校の教育にどのようにつながっていくかを示しました。その際、「幼児期の終わりまでに育ってほしい姿」を手がかりに、発達や学びの連続性を具現化しました。

図1は、4歳児の研究保育、秋の自然物を使った遊びについての指導案の一部です。この時期の活動が、「幼児期の終わりまでに育ってほしい姿」のうちどの項目に関わるのか、そして、それらの項目が幼児期の3年間でどのように繋がっているのか、さらに小学校低学年の教科学習にどのように繋がるのかを学習指導要領から拾いました。

3 取組の成果

①発達の積み重ねを意識する

今回作成した指導計画は「目指す幼児像」の具現化に特化したものなので、幼児の育ち全面を網羅したものではありません。しかし、「目指す幼児像」を中心にして指導計画を考えたことで、つながりや発達・指導の積み重ねをより意識して作成することができました。

さらに、研究保育では特に、今日のねらいや活動が小学校の活動にどのようにつながるのかを、「幼児期の終わりまでに育ってほしい姿」や小学校学習指導要領から導き出したことで、ねらいや援助を再確認することにつながりました。

②小学校教員への、幼児教育の理解促進

　学習のつながりの表を、小学校教員とともに作成することで、就学前教育から小学校教育への具体的なつながりを確認することができました。指導計画上ではなく、具体的な実践について考えていけることで、小学校教員に具体的なつながりを説明することができ、幼児教育への理解促進につながりました。

図1　学習のつながり

【幼稚園】3歳児

7　自然との関わり・生命尊重
・落ち葉や木の実などの自然物をいろいろなものに見立てたり、遊びに取り入れて遊んだりする。

6　思考力の芽生え
・身近にある物で自分なりに作ったり描いたりすることや、作った物で遊ぶことの面白さを感じる。

9　言葉での伝え合い
・自分の思いを自分なりの方法で出していく。

<自然物を使った遊び>
・どんぐりを使ったままごと遊び
・どんぐりのマラカス遊び　など

【幼稚園】4歳児

7　自然との関わり・生命尊重
・秋から冬への季節の変化に気づき、自然物を遊びの中に取り入れる楽しさを感じ、いろいろな方法で表現することを楽しむ。
・落ち葉や木の実を集めて、遊びながら色、形、大きさなどに興味をもつ。

6　思考力の芽生え
・自分で材料を選び、試したり工夫したりしながらイメージを実現しようとする。

9　言葉での伝え合い
・友達とのかかわりの中で、自分なりの思いを出して遊ぶ。

<秋の自然を使った遊び>
・どんぐりや落ち葉のアクセサリーづくり
・落ち葉の形遊び　・どんぐり転がし
・どんぐりごま遊び　など

【幼稚園】5歳児

7　自然との関わり・生命尊重
・秋から冬への空気、空、雲の動き、木々の様子などから季節の移り変わりを感じ取る。
・落ち葉や木の実、芋のつるなどの自然物を工夫して使い、遊びに取り入れる。

6　思考力の芽生え
・繰り返しいろいろ試す、考える、工夫するなどして遊びを楽しむ。
・遊びに必要な物を友達と相談しながら、適切な材料を探し、工夫して作る。
・友達の考えていることに気づき、その考えを受け入れる。

9　言葉での伝え合い
・自分の思ったことや考えたことを、言葉で相手に分かるように伝える。
・仲間意識をもち、相談してルールを決めて遊ぶ。

<秋の自然を使った遊び>
・季節の果物などの絵画表現
・どんぐりを使ったゲームづくり
・芋づるのリースづくり　など

【小学校】低学年

○生活科
内容（6）
身近な自然を利用したり、身近にある物を使ったりするなどして遊ぶ活動を通して、遊びや遊びに使う物を工夫してつくることができ、その面白さや自然の不思議さに気づくとともに、みんなと楽しみながら遊びを創り出そうとする。
　1年　「あきとなかよし」　2年　「うごく うごく わたしのおもちゃ」

○図工科
内容「表現」（1）ア
造形遊びをする活動を通して、身近な自然物や人工の材料の形や色などを基に造形的な活動を思い付くことや、感覚や気持ちを生かしながら、どのように活動するか考えること。

○国語科
目標　A「話すこと・聞くこと」
相手に応じ、身近なことなどについて、事柄の順序を考えながら話す能力、大事なことを落とさないように聞く能力、話題に沿って話し合う能力を身に付けさせるとともに、進んで話したり聞いたりしようとする態度を育てる。

4 実践事例

5歳児「はるみランド」（遊園地ごっこ）の実践

①活動の準備と計画の作成

本園では毎年、5歳児の協同的な活動として遊園地ごっこ「はるみランド」を開催しています。学年で5～6人のグループをつくり、メリーゴーラウンドやジェットコースターなどをつくり、3、4歳児をお客さんとして招待しています。

数週間にわたって課題に向かって友達とともに進めていくこの活動は、小学校の学習の進め方に通じる点が多くあります。本園は、この活動を「単元」ととらえ小学校の学習の進め方を参考にして、指導に取り組みました。

5歳児の終わりの活動、特に本活動のような学級の皆で行う活動については、「めあて」を幼児と共有し、その達成に向けてスモールステップで活動を進めていきます。小学校の学習の進め方と同じであることは、学びが繋がっていることを表します。そこで、「単元」の考えを生かし、活動の「めあて」を明確化し、さらに活動の「振り返り」の充実を図ることにより、教師の援助が「めあて」の達成に向かって意識されるようになりました。

学習の流れ

●ねらい

友達と考えを出し合いながら協力する楽しさややり遂げた満足感を味わう。

●学習の流れ（簡易版）

＜協同的な学びの体験＞

【3歳児】
・自分の思いやイメージを、言葉に出したりなりきって動いたりして遊ぶ。
（言葉による伝え合い）

↓

【4歳児】
・友達との遊びの中で、自分の思いやイメージを意識したりしながら遊びを楽しむ。
（言葉による伝え合い）

↓

【5歳児】
・学級全体の活動の中で、互いの持ち味を発揮し認め合いながら協力して進めていく満足感を味わう。
（協同性、言葉による伝え合い）

↓

【第１学年および第２学年　国語】
・順序立てて考える力や感じたり想像したりする力を養い、日常生活における人との関わりの中で伝え合う力を高め、自分の思いや考えをもつことができるようにする。

【第１学年および第２学年　生活】
・身近な人々、社会及び自然と触れ合ったり関わったりすることを通して、それらを工夫したり楽しんだりすることができ、活動のよさや大切さに気付き、自分たちの遊びや生活をよりよくするようにする。

単元の流れ（抜粋）

はるみランド指導計画・評価計画

次	時間	主な活動	○環境構成　◎教師の手だて　★評価
❶はるみランドを計画しよう	1週間	・昨年度、はるみランドで自分たちがしてもらったことを思い出し、自分たちもやってみようという気持ちをもつ。 ・学級のみんなで、どのようなコーナーを作るか決める。	○昨年度のはるみランドの写真を掲示し、経験を具体的に想起できるようにする。 ○全体で共有できるように、ホワイトボードを活用し、出てきた考えを教師が文字やイラストにしてまとめていく。 ◎やりたいコーナーがたくさん出てきたら、１グループの人数に気付かせながら、コーナーを合体させたり、特にやりたいコーナーを聞いたりして5～6つのコーナーに絞る。 ◎学級間でこまめに打ち合わせをし、内容が重ならないように調整した上で、幼児の考えを取り入れながら誘導していく。 ★自分の考えを話したり、友達の考えを聞いたりしながら、話し合いに意欲的に参加していたか。
❷コーナーをつくろう	2週間	・同じコーナーの幼児と相談し、必要なものを考える。 ・今までの経験を思い出しながら、遊びに必要なものを同じコーナーの幼児と一緒に作る。 ・開店する際の役割を考え、分担する。	○話し合いに活用できるよう白い紙を準備しておき、絵や文字にしながら同じコーナーの友達と考えを共有できるようにする。 ○取り組みの一覧表を作成し、それぞれのコーナーの進捗状況が一目で分かるようにする。 ◎話し合いの様子から必要な素材やイメージに合いそうな素材を準備しておき、作り方を一緒に考える。 ◎日ごとに振り返りの時間を設け、コーナー毎に次回することを明確にしていくと共に、学級全体で友達のしていることを具体的に共有できるようにする。 ★同じコーナーの友達と考えを出し合いながら自分たちで活動を進めているか。 ★他のコーナーの友達の様子に興味をもち、取り組みの様子を知ろうとしているか。

ある日の活動の展開の指導案

＊小学校との接続を考えて、各時間帯について指導内容を細かに設定し、活動の時間を組み立てている。なお、時間については実態に応じて設定する。

時間	○活動内容	指導内容　◎手だて　☆評価
導入 10分	○はるみランドのイメージ図について導入する。 ・教師の話を聞く。 ・「昨日はここを決めたよね。」 ・「今日はこれをするんだったね。」	共通の目的を自分たちのものとして取り組めるようにする。 ☆活動の内容を理解しているか。 ☆「やってみたい」という気持ちをもって参加しているか。 ◎理解が難しかったり、気持ちが向いていなかったりする幼児には、個別で声を掛けて、内容を知らせる。 ◎学級の課題を自分の課題として受け止められるように、具体的な手順や方法を視覚的に知らせる。
展開 20分	○コーナーに分かれてイメージ図作りをする。 ・「もっとこうしたほうがいいね。」 ・「どれを使うといいかな？」	自分の思ったことを言葉で相手に伝えられるようにする。 ☆メンバーの一員として活動に参加をしているか。 ◎目的や進め方が分からなかったり、活動が進まなかったりするグループを整理することで、自分たちで進めて行くことができるようにする。
まとめ 10分	○活動の振り返りをする。 ・「今日はここまでできたよ」 ・「作ることが楽しみだな。」 ○降園準備をする。	次回への期待へつなげることができるようにする。 ☆友達や教師の話を聞き、課題をやり遂げた満足感を味わっているか。 ◎一覧表を見せながら、それぞれのコーナーがどこまで進んでいるのかを視覚的に捉えさせる。 ◎自分たちなりに活動に取り組んだ姿を認めながら、実際にコーナーを作りたいという気持ちが生まれるようにする。

②幼児の育ちと活動の評価

ほぼ3週間にわたるこの活動は、昨年度の5歳児の姿を思い出しながら、「今度は自分たちが遊園地をつくるんだ」という幼児の喜びとともに始まりました。教員はその思いを汲みながら、目指す幼児像にある「自分の考えを相手にわかるように伝えることができる子」を具現化できるように、学級のみんなで考える話し合いの時間やグループの友達で考えを出し合う時間、それを実現する時間などをつくっていきました。

グループの乗り物や店の「設計図」を作成したり、学級の課題を意識できるように各グループの進捗状況が一目でわかるような表を作成したりして、自分の思いや考えを出しやすいように視覚的な教材を多く活用しました。

活動の最後には必ず「振り返り」の時間を設け、グループの友達と翌日に向けての話し合いをすることで、日々の活動が最終的な活動に向かって進んでいくようにしました。

このような活動は、これまでも行ってきましたが、教員の指導の中に小学校の「単元」の考え方を取り入れることで、大きな「ねらい」に向かってスモールステップで指導内容を確実に積み上げていくことがより意識されるようになりました。

園長からのひとこと

毎年5歳児で行っていた活動を「単元」として考えることで、より、ねらいを意識し、意図的計画的に実践できたように思います。「幼児期の終わりまでに育ってほしい姿」が具体化されました。

元 中央区立晴海幼稚園 園長
川越裕子

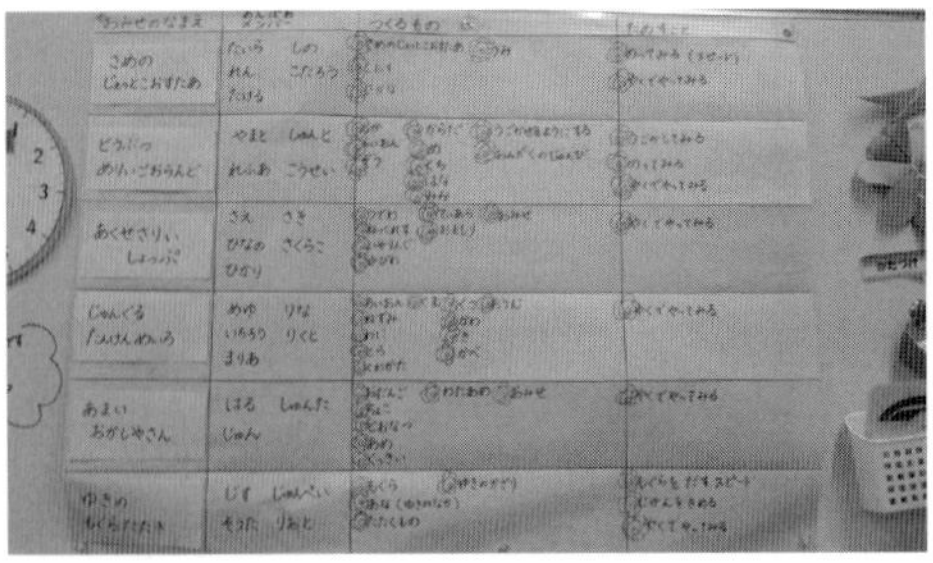

「はるみランド」の計画①

学級で活動の進捗状況を表にすることで、他のグループの様子がわかり、直接には関わっていない友達の考えを取り入れることができました。

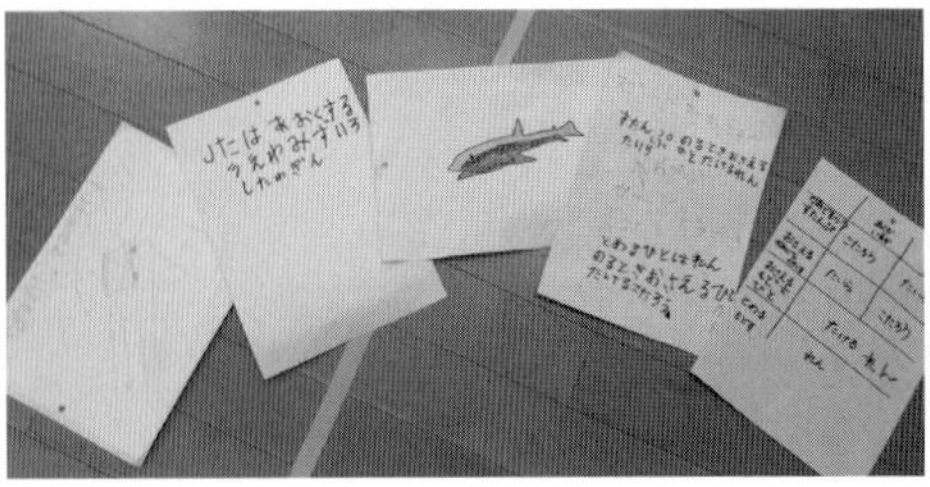

「はるみランド」の計画②

グループ内で意見を共有できるように、絵や文字などを活用して「設計図」を作ることで、実際の作業でイメージを共有しやすくなりました。

遊園地の乗り物作り

「設計図」のイメージに基づいて、グループの友達と素材や用具を選びながら作っていきます。作りながらイメージが変わっていくこともあります。

当日の様子

当日の様子。お客さんに優しく接しています。

第3章

幼児期の教育と小学校教育の接続の実際

～全国の実践事例～

全国の幼児期の教育と小学校教育接続実践マップ

現在、幼児期の教育と小学校教育の接続の取組が全国各地で行われています。子どもの学びを切れ目なく確実に、円滑に接続していくためには、それぞれの地域の実態や子どもの実態等に応じて展開されていかなければなりません。そういう意味において、同じ取組はありません。本章では、全国の教育委員会、幼稚園・保育所・認定こども園の中から特徴ある取組を紹介します。

※事例は主に令和2年前後の実践に基づいています。執筆者の所属等は現在と異なる場合があります。

◆…都道府県・市町村教育員会の事例
♥…幼稚園・保育所・こども園の事例

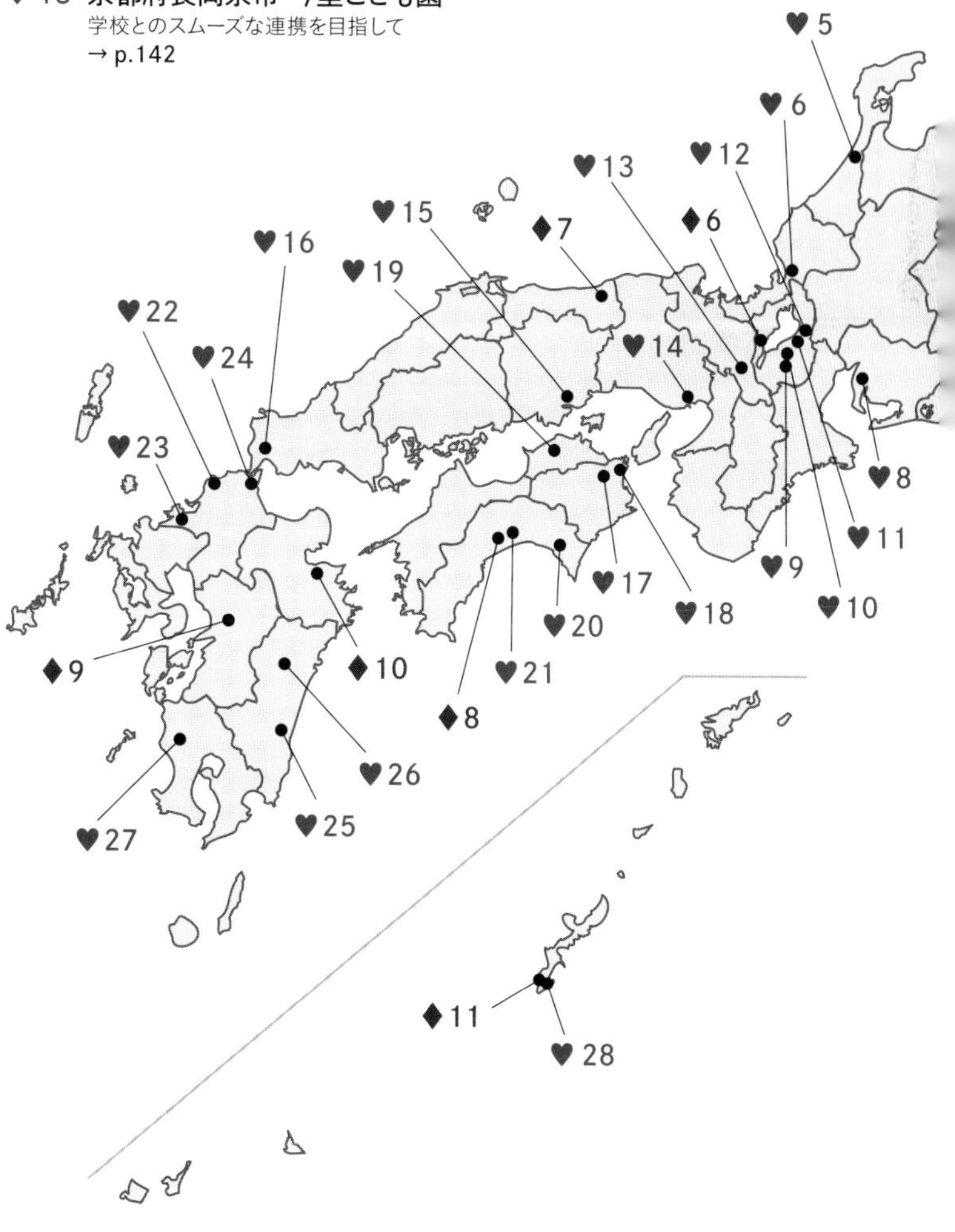

◆1 北海道教育委員会

幼児教育施設、小学校等、市町村の連携体制づくりを促進

北海道では、幼児教育と小学校教育の連携・接続の一層の強化のため、すべての幼児教育施設、小学校等と市町村がつながる体制づくりを促進しています。

1 取組の背景

本道では、「年数回の交流はあるが接続を見通した教育課程の編成が行われていない」地域が大半であり、現場からは、連携・接続は校長の認識に左右され組織としての持続性がないという指摘もあります。認定こども園の増加等を要因として教育委員会（以下、「教委」という。）よりも首長部局と幼児教育施設とのつながりが増えており、これら教育主体による連携の基盤づくりから始める必要がありました。

2 取組の内容

平成30年に道・道教委で方針を策定、令和元年に道教委内に関係部局を併任課とする幼児教育推進センターを設置し、センターの全施策・事業が市町村首長部局及び教委双方に伝わる体制としました。あわせて、地域毎の課題や解決策の共有を目的に、管内毎に道・道教委出先機関（振興局・教育局）および市町村（首長部局・教委）の4者による連携体制を作りました。また、文科省事業を活用し、市町村首長部局・教委、小学校、並びに公私や種別を超えた幼児教育施設による連携体制を基礎とした接続円滑化モデル事業を実施したほか、管内毎に、幼児教育施設と小学校等が参加する演習主体の研修を設け、双方の教育活動の理解促進に努めました。

3 取組の成果

センター設置により市町村首長部局との関わりが増えたことで、教委のみならず首長部局にも幼児教育の専門性や先行事例が豊富にあり、これらを掘り起こし発信する意義を改めて認識するとともに、有識者会議に市町村や保育の関係者にも参画いただいたことで、道内幼児教育の全体像や課題がより可視化できました。また、モデル事業では、年間を通じた情報・課題の共有、事業終了後も持続する体制づくり、保育者の意見を踏まえたスタートカリキュラム編成の方法などを検証できましたが、一方、研修や各管内の連携体制は感染予防のためオンデマンドに代替又は休止となっており、この影響による幼児教育振興自体の停滞が懸念されます。

4 今後に向けて

そこで、各教育主体が連携・接続の重要性を再認識し、コロ

ナ禍でもできることを促すため、「チェックシート」（幼児教育施設、小学校等、市町村を対象に、交流、引継ぎ、スタートカリキュラムの3視点にチェック項目を提示）、及び「ハンドブック」（幼小双方の教育活動や連携・接続の意義等のポイント、チェック項目ごとの事例集、モデル事業報告書等で構成）を作成しました。また、これらの活用による幼児教育施設や小学校向け研修機会を拡充するとともに、令和3年から、地域の連携体制づくりの牽引役育成を目的として市町村首長部局・教委職員向け研修を開始しました。また、令和4年からは、北海道版接続の円滑化プログラムの作成に着手する予定です。

幼小連携・接続の体制づくりは、子どもを中心に各教育主体が課題を共有する場の創出であり、幼児教育振興の基盤となることから、重点的に進めていきたいと考えています。

幼児教育施設のチェックシートの例

※このチェックシートは、取組の方向性を示すもので、取組の評価に直結するものではありません。

確認日　　年　　月　　日

	授業、行事、研究会等の交流	効果的な引継ぎ流	スタートカリキュラムの充実
幼児教育施設	**情報等の共有** □ 園だより、行事予定表、教育・保育方針などを小学校等や市町村へ情報提供している。 □ 小学校等と調整して年間行事に交流日を位置付けている。 □ 保護者に園だよりや説明会などの機会を通じて、幼小連携・接続の取組及びその重要性を説明している。 **幼児・児童の交流** □ 児童を園行事に招待している。 □ 小学校等の行事に参加している。 □ 散歩、遠足などの際に小学校等の校庭、体育館、図書室、トイレなどの施設を利用している。 □ 小学校等と合同で避難訓練や交通安全教室などを企画又は、参加している。 **保育者・教職員の交流** □ 小学校等の学校公開日や参観日などで授業を参観したり、参観後の意見交換・協議に参加している。 □ 幼小合同研修会を企画又は、参加している。 □ 小学校等との交流活動の窓口を明確化し、事前打ち合わせ、指導案の作成・協議、情報交換、事後の振り返りなどを行っている。	**引継ぎ内容** □ 要録を基にしている。 □ 幼児の健康状態、アレルギー、その他必要な事項も含めている。 □「幼児期の終わりまでに育ってほしい姿」を視点としている。 □ 幼児の様々な情報を保護者が記録・保管するための手段を活用して、個別の教育支援計画に準ずる内容の引継ぎをしている。 **引継ぎ方法** □ 市町村等独自の資料や引継ぎ項目（シート）などの工夫をしている。 □ 要録（写）などを事前に小学校等に目を通してもらい、互いに協議している。 **引継ぎの主体** □ 主任や担任などが組織的に引継ぎをしている。 □ 所属する幼児が入学する全ての小学校を対象としている。 **引継ぎ場面** □ 対面での引継ぎがかなわない場合、電話などで行っている。 □ 幼児と児童の交流や小学校等の入学説明会、授業参観など年間を通じて効果的な引継ぎの機会をもっている。	**共通理解** □「幼児期の終わりまでに育ってほしい姿」を理解している。 □ 小学校等での児童の発達・特性を理解している。 □ 小学校等の教育内容・教育方針を理解している。 □「小学校学習指導要領」を把握している。 **編成・実施・評価・改善** □ 小学校等が作成するスタートカリキュラムの実践を参観している。 □ 小学校等が作成するスタートカリキュラムへの助言を行っている。 □ 小学校等が作成するスタートカリキュラムを参考に自園の教育活動に反映したり、カリキュラムの改善を図っている。 項目は、取組の実践例になっています。他にも地域で実施している特色ある取組を書き入れてみるのも良いでしょう。

◆まずは、近隣の学校を想定してチェックしてみましょう。徐々に幼児が入学する他の学校にも拡げてみましょう。
◆「幼児教育施設」「小学校等」「市町村」ごとに想定される取組を区分していますが、自治体の規模や各地域のこれまでの取組等を踏まえ、適宜、役割を見直しながら連携を進めましょう。

※「幼児教育施設」とは、幼稚園、保育所、認定こども園及び特別支援学校幼稚部を指します。
※「小学校等」とは、小学校（義務教育学校の前期課程を含む）及び特別支援学校小学部を指します。

担当者からのひとこと

北海道教育委員会
幼児教育推進センター長
大畑明美

道内には幼児教育施設、市町村、養成大学等が築いた知見や実践が豊富にあり、「センター」の役割はこれらの財産を道内各地に確実に届けることだと考えています。

◆2岩手県立総合教育センター

児童の発達の特性に応じた指導の工夫・改善と推進体制づくり

岩手県立総合教育センターでは幼小接続の推進のため、研究協力校・園の協力の下、組織としての円滑な接続を目指した研究（2年研究）を行いました。

1 取組の背景

これまでも小学校入学当初には、小学校生活に慣れるための工夫が各学校で行われてきましたが、その編成・実施には大きく2つの課題がありました。

①指導内容面…0スタートの適応指導になりがちで、幼児期に育まれた資質・能力を生かしていない。②体制面…年長・1学年担任に任されがちで、組織として評価・改善が行われにくい――これらの課題解決のために、発達や学びをつなぐスタートカリキュラムを実施することで、1学年児童が「主体的に自己を発揮しながら学びに向かうこと」の実現を目指すとともに、その実践をもとに、学校組織としてカリキュラムの計画・実施・評価・改善を行うことを目指しました。

2 取組の内容

小学校教員の、幼児期の教育と「幼児期の終わりまでに育ってほしい姿」の理解のために、保育参観や校内研修会を行いました。1年目の研修会は夏休みに一斉研修の形で行いましたが、2年目には、個々の教員の都合のよい時間に保育参観を行い、そこで捉えた「幼児期の終わりまでに育ってほしい姿」をメモし交流することで、理解を深めました。また、新入児童の発達や学びの状況を共有し指導に生かすために、個人については指導要録を、集団としての活動経験については飼育栽培活動、当番活動、造形的な活動等の経験内容を具体的に記した「幼保活動経験連絡シート」を用いて幼児期の経験を生かした指導が可能となるようにしました。

資質・能力ベースのスタートカリキュラムの考え方を基にした週案は、毎日放課後に1学年担任とセンター研究担当者で児童の姿を振り返り、児童の興味関心や思考の流れに沿って柔軟に変更していきました。カリキュラムの変更については、次年度に反映できるように、教務主任との連携を密に行うとともに、校内スタートカリキュラム委員会のメンバーが必要に応じて打合せを行い、複数で1年生を指導する体制づくりも行いました。また、幼児期に培った力が発揮できるような教師の言葉がけについても確認していきました。

3 取組の成果

校内研修会での幼児期の教育等への理解の深化や校内スタートカリキュラム委員会による複

数での指導体制づくりにより、学校全体で１年生を育てようという意識が醸成されました。また、児童の興味関心や思考の流れに沿ったカリキュラムの工夫や主体性を引き出す言葉がけなどにより、どの子も生き生きと１年生の生活を楽しむ姿が見られました。養護教諭からは、ゴールデンウイーク明けの１年生の登校しぶりがなかったのは、この３年間で初めてだという声が聞かれました。

4　今後に向けて

校内研修会や幼小接続の校内推進体制づくりは、今年度で４年目となりますが、幼稚園等からの意見も取り入れ、保護者ともその意義を共有し、ブラッシュアップしながら組織として継続していくことが大切だと感じています。

自己紹介

図工「すきなものなあに」で描いた絵を使って自己紹介（国語）。聞いている児童の友達に対する関心を高めます。

読み聞かせ

今日の学習内容と関連付けた絵本を選んで読み聞かせます。児童の興味関心を惹きつけています。

「つながる、つながる、まるくなる」

国語の教科書（光村図書）の文「つながる、つながる、まるくなる」を動きで表し体感することによって、言葉に対する豊かなイメージを育みます。

興味関心に沿った活動

校庭の草花を空き容器に生ける女児。興味関心に沿って取り組みたいことが実現できる環境作り（空き容器のストック等）に心がけています。

担当者からのひとこと

幼小接続はこうあるべき、と型にはめてしまうよりも、その効果を目の当たりにすることが取り組む教職員のモチベーションを上げます。

岩手県立総合教育センター
主任研修指導主事
吉田澄江

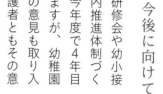

◆3秋田県教育委員会

小学校教育との円滑な接続は教育・保育の充実から

互いの教育保育についての理解を深めるための就学前・小学校等地区別合同研修会の実施を軸に、各市町村、各校・園の連携を支援しています。

1 取組の背景

秋田県では、平成16年4月に幼稚園と保育所の行政窓口を教育委員会に一本化し「幼保推進課」を創設しました。「はじまりは乳幼児期から」をコンセプトに、就学前のすべての子どもに質の高い教育・保育が提供されることを願い、施設種の別なく研修会や園訪問を実施し、保育現場を支援しています。

また、創設時より小学校との連携を推進する事業や研修を行っており、特に就学前教育施設と小学校の教職員が一堂に会して学び合う「就学前・小学校等地区別合同研修会」（以下、本研修会）は、それぞれの教育・保育についての理解を深める大事な機会となっています。

2 取組の内容

本研修会は、県全体を3地区に分けて小学校の夏休み期間に開催しています。参加者は5歳児と1年生担任が中心で、午前中は主に講演や行政説明、午後は学区毎のグループ協議を行っています。「幼児期の終わりまでに育ってほしい姿」を視点に子どもの育ちを見取ったり、スタートカリキュラムや交流計画について考えを出し合いながらプログラムを見直したりするなど、研修後にそれぞれの保育や授業等に生かせるような内容で計画・実施しています。

引き継ぎや情報交換だけに止まらない連携や、乳幼児期に育まれた資質・能力を小学校以降の育ちや学びにつないでいく「円滑な接続」を推進するために、年に1度の本研修会を連携・交流・接続の扇の要と位置付け、取組を進めています。

3 取組の成果

本研修の実施により幼保小連携の重要性について理解が深まり、近年では各自治体主導の実践も盛んになってきました。文部科学省の事業委託・

研究協議

保育者と小学校教員による合同の協議は、互いの指導観を共有し、自身の保育や授業を見つめ直す良い機会となっています。

一日保育体験

小学校教諭が園で一日を過ごすことで、「生活や遊びを通して学ぶ幼児期の子ども」の理解が深まります。

担当者からのひとこと

「交流」自体が目的になっていたり、管理職の異動で連携が立ち消えになったりするケースには、行政等の仲立ちも解決の一助となります。

秋田県教育委員会
副主幹
浅野直子

補助を受け、「教育・保育アドバイザー」の配置が進んできたことも、その大きな原動力です。アドバイザーの橋渡しにより、保育公開への小学校教諭の参加や幼保小の教職員による研究協議が実現した地域もあります。また、小学校教諭の保育一日体験や、アドバイザーによる園と小学校の育ちと学びの様子を紹介・共有する通信の定期的な発行など、地域の実情に応じた多様な取組が展開されています。

こうした取組は互いの指導法の違いを知ると同時に、目の前の子ども一人ひとりが何を感じ、何を学んでいるかを見取る目を養い、子どもの発達に応じた保育や授業のあり方を考えることへとつながり始めています。

4 今後に向けて

「幼児期の教育と小学校教育との円滑な接続」についての取組は、どのような経験を大事にしながら保育をしていけばよいか、就学前の育ちを踏まえてどのように授業を工夫していけばよいかを考え、実践する営みそのものとも言えます。

今後も就学前教育施設と小学校の子どもたちの育ちと学びのつながりを大事にし、秋田県が目指す、豊かな人間性を育む教育の充実を図っていきたいと考えています。

幼小中合同交流会の様子

大きいお兄さんやお姉さんたちと一緒に。

◆4埼玉県草加市教育委員会

幼児期の教育と小学校教育の円滑な接続

本市では、「このまちで子どもを育てたい」と実感できるまちづくりを進めています。教育委員会ではこれを受けて、『子ども教育連携』の推進に関する取組を教育振興基本計画の核に位置付け、平成25年度から「草加っ子」（15歳の姿）の実現に向けた取組を行っています。

1　取組の背景

本市では、平成24年度に教育委員会内に子ども教育連携推進室を新たに設け、市内の教職員・保護者等、約11,000人を対象として、子どもの育ちに関する実態調査を実施しました。その結果、自尊感情に関わることをはじめ、人との関わり、学ぶ意欲、基本的生活習慣などのさまざまな課題が明らかになりました。さらに、これらは学校段階等間の接続期を境に顕著になる傾向にあり、このことが学校生活への適応に影響を及ぼすのではないかと考えました。このことから、市内の教職員、保護者等の意見を集約し、中学校卒業までに育ってほしい子どもの姿を『目指す「草加っ子」（15歳の姿）』（以下「草加っ子（15歳の姿）」）として取りまとめ、その育成に向けて『草加市幼保小中教育指針』を策定しました。学識経験者、幼保小中の管理職・保護者・地域の代表者を構成員とした「子ども教育連携推進委員会」を立ち上げ、0歳から15歳までの子どもの育ちにふさわしい学校教育や家庭教育などの取組を展開しています。

2　取組の内容

「草加っ子（15歳の姿）」を具現化するために「研究事業・幼児教育充実事業」「子ども教育連絡協議会」「子ども教育連携推進委員会」の3つの取組を継続的に行っています。

「研究事業」では、幼稚園や保育園、小学校等に補助金を交付し、子どもの育ちに関する課題解決に向けた幼児期の教育と小学校教育の円滑な接続（以下、幼小接続）に関する研究を委嘱しました（現在は、幼保小中一貫教育に関する委嘱）。研究の成果は発表会を開催し、市内外の園や学校の他、家庭や地域にも広く周知しています。

「子ども教育連絡協議会」では、幼小接続などに効果的で継続性の高い積極的な交流・連携のための『草加市幼保小中交流・連携事例集』の作成や、スタートカリキュラムの編成をはじめ保育や教育の充実に資する研修会、保育見学会を開催しています。また、家庭へ本市の取組の理解促進と家庭教育充実のため、子育てに関するリーフレットの作成や子育て講演会の開催、家庭・学校連携シート等の取組を行っています。

「子ども教育連携推進委員会」

では、毎年度実施しているアンケート調査から子どもの変容を捉え、「草加っ子（15歳の姿）」の実現に向けた取組全体に対する評価や改善などについて協議いただいています。また、「研究事業」「子ども教育連絡協議会」の取組をもとに、必要に応じて「子ども教育連携推進委員会」の下に「子ども教育連携推進専門部会」を設置し、園や学校等への支援として必要な資料等を作成しています。専門部会の取組の一つに、幼小接続に資する冊子として『草加市幼保小中一貫教育プログラム』（平成24年度当時は『草加市幼保小接続期モデルプログラム』）があります。幼稚園教育要領等では、育成すべき資質・能力が育まれた5歳児修了頃の子どもの姿として「幼児教育の終わりまでに育ってほしい姿」（以下、「10の姿」）が示されています。一方、小学校教育は、生活科を核として子どもたちの思いや願いを実現するプロセスの中で「10の姿」を十分に発揮しながら、低学年教育全体を通して、ゆるやかに教科等の学びに移行させることが求められています。このことを踏まえて、各園・各校が編成する保育や教育課程の工夫や、スタートカリキュラム等の事例を示しています。

3 取組の成果

これまでの取組から主な成果を3つ挙げます。

まず、子どもの育ちに関するさまざまな課題に改善の兆しが見られるようになったことです。特に、学校段階等間の接続期に、子どもたちの学校生活が安定し、学習に対する自信や期待をもっている様子が見られたことは大きな成果です。

次に、このことと関連して、子どもの育ちに関する成果を実感するとともに、学校段階などに関わらず、教職員の保育や教育に対する意識が、これまでよりも、子どもの育ちの振り返りと見通しをもった実践に向くようになったことです。

最後に、5歳児の保育の充実にとどまらず、専門部会で作成した0歳児からの保育等に関する資料や教育委員会が派遣する幼児教育アドバイザーを積極的に活用し、園全体として保育の質向上が目指されるようになったことです。当初は教育委員会が主体となって取組を行っていたことから、所管の異なる幼稚園・保育園等への理解が十分とはいえませんでしたが、成果を共有したり保育の充実に資する研修の機会を提供したりすることでこのような成果が得られました。

現在、これらの成果を義務教育全体に生かし幼保小中一貫教育の取組が行われています。

担当者からのひとこと

草加市立
長栄小学校
校長
嶋田弘之

幼児期の教育と小学校教育との円滑な接続は幼保小の交流・連携を前提とした各園・学校の取組であるため、交流・連携を推進する行政の役割は重要です。

研究発表会

幼保小中一貫教育（幼保小の円滑な接続を含めて）の取組の成果を市内関係各園や学校等に周知する目的で、授業等の公開やシンポジウムを開催しました。

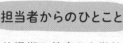

◆5 神奈川県相模原市教育委員会・こども若者未来局保育課

円滑な接続を目指した幼・保・小連携

相模原市では幼保小連携推進のため、連携の取組の視点となる「連携ステップ表」や地域の連携園、連携校を設定した「幼保小中連携表」の活用を提示しています。また、幼保小連携推進協議会を設置し、幼保小連携推進について協議しています。

コロナ禍での連携の工夫

コロナ禍の工夫として、幼稚園教諭が小学校の様子をビデオで撮り、自園で上映し、交流を図ることによって、小学校への興味・関心を高め、園児の意欲に繋がります。

1 取組の背景

子どもたちの健やかな成長のために子どもの発達や学びが円滑に接続していくには、幼稚園、保育所、認定こども園（以下、幼保）と小学校との連携が必須であり、まずは幼保と小学校の教職員が互いに顔を合わせ共通理解を図ることが不可欠となります。そのために、市として具体的な連携の在り方・目安を段階的に示す「幼・保・小連携ステップ表」を作成しました。また、市立小学校の学区にある園を連携園として位置付け、「幼保小中連携表」として提示し、幼保と小学校が連携する取組を進めています。

2 取組の内容

平成28年度より「幼・保・小連携ステップ表」の取組を開始しました。第1ステップ「互いを知るはじめの一歩」、第2ステップ「互いの顔がわかる交流段階」、第3ステップ「互いの保育・教育を理解する連携段階」、第4ステップ「互いのつながりを意識する接続段階」とし、取組事例を示しながら、幼保と小学校へ、その年度の取組の重点とともに周知しています。また、平成29年度には幼保小の円滑な接続を図るため、幼児期の主体的な学び、子どもの思考の流れを大切にした「相模原市スタートカリキュラム例」等を作成し、小学校及び幼保へ示しました。

連携園・連携校については、小学校の学区を基本とし、学区内連携園・校として、「幼保小中連携表」を作成し、新園についても、保育課と学校教育課が連携し、その都度追加しながら、幼保と小学校へ周知し連携しやすいようにしています。

平成30年度からは「幼保小連携推進校」として、小学校2校を研究推進校として2年間研究

園児・小学生の交流

園児が散歩がてら、小学校へ寄り、交流を図ることによって、様々なことに気づいたり、感じたり、さらに地域に親しみをもったりします。

公開授業

生活科の公開授業及び協議に連携園が参加し、子どもたちの学びの共通点等を共有することで、小学校教育と幼児教育の理解を深めます。

に取り組み、第4ステップである接続を意識した協議会やスタートカリキュラムを公開する等の取組を推進しました。取組実践は「幼保小連携通信」として保育課と学校教育課が市内園及び小・中学校に発信し、情報を共有しました。また、幼保小連携研修を実施し、幼保と小学校の教職員が合同で集まり、幼児教育や小学校教育の具体的な取組内容の共通理解を図る等、連携・接続に関しての意識を高めています。そして、幼保、小学校の代表で構成する幼保小連携推進協議会において、毎年、取組の方向性や振り返り等協議し、市内全体で進めています。

3 取組の成果

毎年、幼保小連携に関するアンケートを市内園や市立小学校に対して実施しています。令和元年度では、連携ステップ表の第1ステップはほぼ100%、第2ステップは70%~90%、第3ステップは40~70%、第4ステップは40~60%の達成率となり、ほぼすべての項目において数値が高くなっていることから、着実に市内園と小学校が連携を進めていることがわかります。令和2年度はコロナ禍の影響で、授業参観、保育参観といった交流は減少したものの、第4ステップの数値は上がっており、それぞれの園や小学校において、接続に向けてのカリキュラム編成等の意識が高まっていると考えられます。また、連携地区においては、オンラインでの交流やビデオ活用等工夫しながら連携を進め、園児は小学校への期待や安心感をもち、小学校児童は自己有用感を高め、円滑な接続を図ることができていると捉えています。

4 今後に向けて

幼保小連携研修では、連携園が連携校へ集まり、今後の交流やお互いの学びについて語り合い、協議する研修を実施します。市内一斉にこのような場を設けることで、幼保小の連携がより一層深まり、円滑な接続に向かうことを期待しています。そして、幼児期の主体的な学びが小学校へつながり、学びが連続していくことを願っています。

担当者からのひとこと

元 相模原市学校教育課指導主事（併）保育課副主幹
（現 相模原市立九沢小学校副校長）
馬場直子

連携・接続が深まったという声や、第3・4ステップまで進んでいないとの声を聞いてきました。アンケート結果では全体として連携が確実に進んでいますが、停滞している地域については、市全体で各連携校に幼保が集まる研修・協議を行い、より一層連携・接続が進む体制づくりを行いました。今後の連携の深まりが楽しみです。

◆6滋賀県大津市教育委員会

学校段階のつながりで見出す幼小中の接続

大津市では、各校園での取組を支援するため、研究指定や研修会などの機会を通して学校段階での接続を推進する体制づくりを行っています。

1 取組の背景

大津市は、ほぼ1小学校区に1幼稚園が設置されている恵まれた環境下にあり、早くから幼小の連携や交流活動等に各校園ごとに取り組んできました。平成30年に、「接続期カリキュラム」作成の手引きを策定し、市内の幼稚園、小学校、中学校に配布しました。そして実践へと結びつけるため、講師を招聘したスタートカリキュラムの研修や研究指定園による幼小連携の取り組み、他校種の教員による研究委員会等の研修体制を整え、継続した取組を行っています。連携の大切さを認識し、さらに一歩踏み込んだ接続の仕組となるようなサポートを行っています。

2 取組の内容

学校園教育研究委員会では、幼稚園、小学校、中学校の教員が互いの教育や接続期について学び合い、その成果を市全体や各校園で広めていく取組を行っています。

幼稚園教育要領、学習指導要領の改訂で、明確化された育みたい資質・能力の3つの柱を学校園が意識し、学びや育ちにおける接続を意図的に教育活動に位置付ける視点が必要であると考え、それぞれの保育や授業を参観し、接続について互いの教育観を論議しました。学校段階の円滑な接続を行う上で一貫した指導、重複した接続と、その中で幼小中の教員のそれぞれの思いの違い、子どもの捉え方などの相違にも直視していく必要性が見えてきました。

3 取組の成果

幼稚園→小学校→中学校と子どもの成長過程で、「どの段階においても子ども達の資質・能力が育まれている」といえるために、共通して意識するキーワードとして、研究委員達がそれぞれの教育で大切にしていることから導き出した「じっくり」「たっぷり」「ほっこり」の〝言葉〟でそれぞれの活動の意味を捉えました。校種が異なる集まりの中で、保育や授業での教員の関わり方、子どもの姿の感じ方、発達段階の違いなど、多様な話題が、この〝言葉〟で違和感なくつなぐことができ、子どもの成長のための支援が、子どもが学ぶ幼稚園・小学校・中学校で共通していることがわかりました。

4 今後に向けて

接続期のカリキュラムの作成や実践とともに、教員同士が、新たな視点や改善する視点を他校種とのつながりの中で見出していくことが必要であり、「幼小中の接続が子どもの育ちを豊かにする」という思いをそれぞれの校園で広げていくことが重要であると感じています。

担当者からのひとこと

大津市教育委員会
幼児教育指導監
水上玲子

学校段階での接続は「質」が問われていることを実感しています。これからの交流活動は回数より「質＝内容」そして、それぞれの教育を理解し合える教員の輪を広めることが大切だと思います。

スタートカリキュラム研修

保幼小の担当者が共通課題を協議することで、互いの教育について理解を深めます。

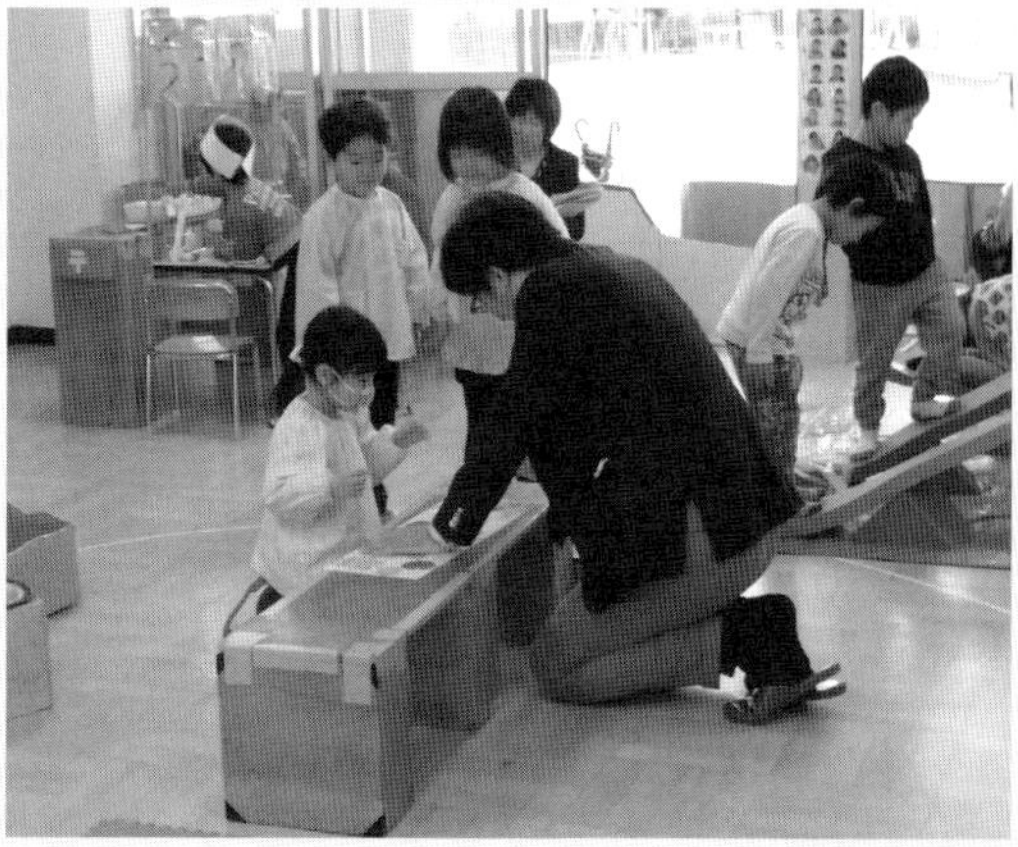

研究指定園の研究発表

研究発表で学び合い、教員の資質向上につなげます。

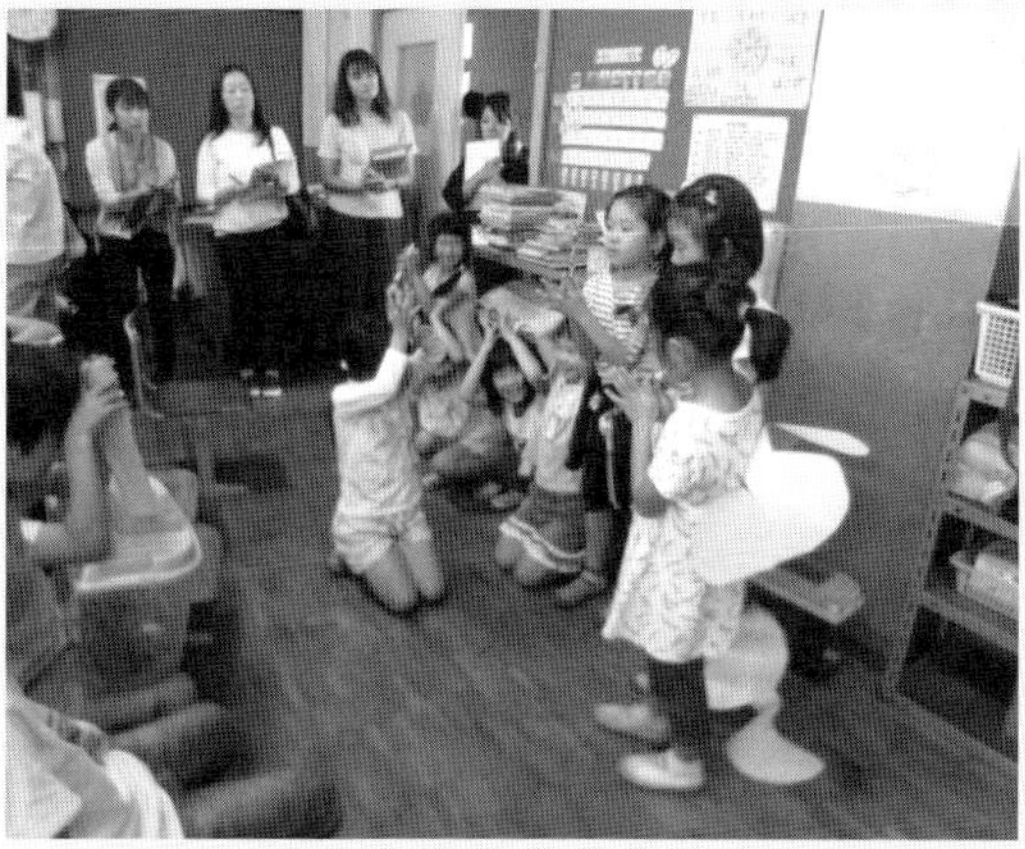

学校園教育研究委員会①

小学校の授業研究で学び合い、互いの教育や接続について理解する力を育みます。

学校園教育研究委員会②

中学校の授業研究で学び合い、互いの教育や接続について理解する力を育みます。

◆7 鳥取県教育委員会

遊びを通した育ちと学びをつなぐ幼保小連携・接続

鳥取県幼児教育センターが中核となり、園と小学校等の連携・接続の体制整備・充実への支援、相互理解のための研修支援などの取組を行っています。

1 取組の背景

鳥取県では、平成29年4月に鳥取県幼児教育センターを設立しました。「鳥取県幼児教育振興プログラム（第2次改訂版）」を策定し、市町村、私立園設置者、各園・小学校との連携・協力体制を構築することを大切にし、県内すべての子どもの発達や学びの連続性を踏まえた幼児教育、幼保小の連携・接続を推進しています。

2 取組の内容

各市町村の実情やニーズに対応した幼保小連携・接続の実践を支援する事業や研修会等を企画しています。

①「鳥取県幼保小接続ハンドブック」の作成・配付

平成30年3月、県内すべての園、小学校、特別支援学校に配付しました。幼保小連携推進モデル事業を実施した市町村の取組を紹介しながら、本県幼保小連携・接続のキーワードを「組織をつなぐ」「人をつなぐ」「教育をつなぐ」とし、接続カリキュラム編成のためのポイントや幼児期の教育と小学校教育の相互理解のための研修例、園児と児童の交流活動例などを示しています。

②幼保小接続アドバイザー」の委嘱・派遣

令和2年度から小学校長経験のある者4名を「幼保小接続アドバイザー」に委嘱し、各市町村・小学校区等で行われる幼保小教職員の合同研修会等へ派遣しています。園と小学校の管理職の連絡協議会、接続カリキュラム編成のための研修・会議等において、幼児期の育ちや学びを小学校教育へつなぐポイント等、小学校経験を生かしたアドバイス・研修支援を行っています。

③「令和3・4年度幼保小接続推進リーダー育成事業」の実施

同一小学校区内の小学校教諭と保育者を「推進リーダー」として市町村等から推薦していただき、「推進リーダー」を中心とする幼保小連携・接続のための取組を支援しています。2年間継続して実施することで、接続期の保育・教育実践を共有することができ、かつ地域内の取組を充実・発展させることができると考えています。

3 取組の成果

それぞれの市町村や小学校区において、目指す子ども像や育てたい子どもの姿を共有した接続カリキュラム編成、子ども同

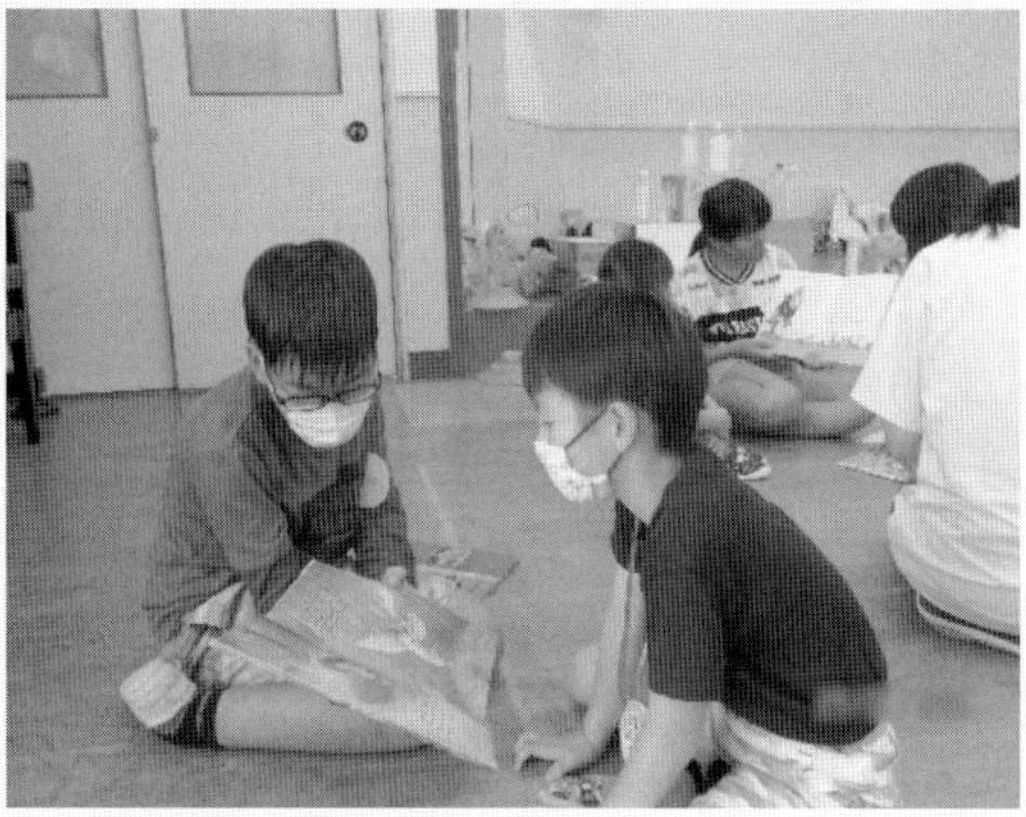

互恵性のある交流活動

双方のねらいを明確に設定。活動中の子どもの様子を「幼児期の終わりまでに育ってほしい姿」を踏まえながら語り合うことも大切にしています。

オープンスクールの様子

年長児の親子が就学予定の小学校へ行き、学習・生活の様子を参観・体験。座談会等で小学校保護者と一緒に語り合うなど、保護者同士のつながりづくりも進めています。

幼保小接続アドバイザー派遣研修会の様子

相互理解のための研修会、接続カリキュラム編成検討会等、市町村・小学校区のニーズやめざす方向性に応じた研修を支援します。

士の交流活動の工夫・改善、「幼児期の終わりまでに育ってほしい姿」を手がかりとして、遊びの中で子どもが学んでいることや育まれつつある資質・能力を見取る職員研修等の実践が広がりつつあります。また、その実践等を紹介する「幼保小接続リーフレット」を令和4年2月に作成・配付し、県内全域への周知を図っています。

4　今後に向けて

園と小学校等の教職員が、幼児期の教育と小学校教育相互の特性やよさを取り入れた接続カリキュラム編成と実践を行い、園・小学校全体に「教育をつなぐ」取組をすることで、一人一人の子どもが主体的に自己発揮しながら学びに向かうことが可能となるよう、子どもを中心に据えた取組にしていくことが必要だと考えています。

担当者からのひとこと

幼保小連携・接続の状況は、市町村や小学校区の実態によりさまざまです。地域の特色を生かし、持続可能な取組にしていくための支援が大切だと感じています。

鳥取県幼児教育センター（県教育委員会小中学校課幼児教育担当係長）
前田恵子

◆8高知県教育委員会

互恵性のある接続に向けた体制づくり

高知県では県全域における保幼小連携・接続の推進に向けて、県内3か所のモデル地域を中心に、幼児期の育ちや学びを小学校へつなぐための体制づくりを行っています。

1 取組の背景

高知県では、幼児期の学びから小学校の学習へとつなげる「接続期カリキュラム」の作成・編成の仕方や、交流・連携の機会の設定とその目的・内容・方法等を具体的に示した「高知県保幼小接続期実践プラン（平成30年2月）」を作成しました。各市町村等においては、本実践プランを活用しながら、接続期カリキュラムの作成状況の把握や教育・保育についての理解を深める機会の設定を行い、計画的・継続的な取組につなげるための体制づくりを進めています。

また、モデル地域を中心に支援を行っていくため、県教育委員会内にプロジェクトチームを立ち上げ、取組の推進を行ってきています。

2 取組の内容

各地域の「目指す子ども像」の実現に向け、接続期カリキュラム等を基にしながら、①幼児と児童をつなぐ、②保育者と教員をつなぐ、③保護者をつなぐことを柱にして取り組んでいます。そして、この取組を充実させていくために重要な役割を担っているのが市町村教育委員会であり、担当者が中心となり、連携・接続について計画的に取り組んでいくための年間スケジュールを作成し、地域が一体となった体制を構築しています。

また、市町村教育委員会をバックアップするため、当課・小中学校課・教育事務所・教育センターの指導主事等によるプロジェクトチーム会（2か月に1回の開催）では、具体的な支援方法を検討し、さらに全地域への取組に広げられるよう、研修会等を活用し啓発に努めています。

3 取組の成果

市町村教育委員会が保幼小のパイプ役となり、地域が目指す

合同研修会

幼稚園と小学校の教職員が集まり、スタートカリキュラムの作成について学んでいきます。

子ども像に向け、合同研修会や互恵性のある交流活動の実施に向けた年間計画の作成や交流活動の事前・事後の打ち合わせなどをコーディネートしていくことで、教職員等の取組がスムーズになると同時に意識が高まり、これまで5歳児や1年生の担任が主であった取組が、組織全体としての取組に広がってきました。そのことで、乳幼児期から小・中・高までの18年間の育ちと学びを見通した「資質・能力」の育成について理解が深まり、幼児教育の学びの成果を小学校教育に生かしていくことが重要であることがわかりました。

4　今後に向けて

県教育委員会によるプロジェクトチームの役割には、モデル地域や先進的に取組を行っている地域の成果を県全域に広げ、子どもたちが高知県のどこにいても質の高い教育・保育が受けられるようにしていくことだと考えています。

そのためにも、常に各市町村と連携・協力をしながら取組の現状把握を行い、地域の特色に応じた支援をしていくことが必要だと感じています。

子どもの姿を見取る

4月に1年生の様子を教職員で見合い、幼児期の経験を生かした授業づくりにつなげます。

ICT の活用

コロナ禍においても、ICT を活用した保幼小交流活動を行うことで、顔のつながる関係性を保つことができ、幼児と児童が親しみをもって関わり合うことができます。

パネルディスカッションの実施

保育所・幼稚園等と小学校・有識者から取組の中で見えてきた成果や課題等を生の声で届けることで、参加者はより身近なこととして課題意識をもち、学ぶことができます。

担当者からのひとこと

高知県教育委員会教育委員会事務局
幼保支援課
専門企画員
岡林律子

互恵性のある取組にしていくためには、ねらいが大切です。互いのカリキュラム等を持ち寄り、確認していくことが近道ではないでしょうか。

◆9 熊本県教育委員会

幼小接続を推進する研修・支援

熊本県では幼・保等、小、中の円滑な接続を推進するため、「幼・保等、小、中連携セミナー」や幼児教育アドバイザーを活用した支援を行っています。

1 取組の背景

熊本県では、県内10管内等において、認定こども園、幼稚園、保育所等や小学校、中学校の担当者が一堂に会し、互いの教育機能を理解し、円滑な接続へとつなげるためのセミナーを行ってきました。ここ数年は研修内容・方法を改善し、本県義務教育課に配置する幼児教育アドバイザーと指導主事が一緒に10管内等に出向き、演習を行っています。また、各地域等で行われている連携協議会の講師として幼児教育アドバイザーを派遣し、接続に関する研修を行っています。

2 取組の内容

幼・保等、小、中連携セミナーでは、各小学校区を中心にグループを編成し、各小学校が作成している「スタートカリキュラム」をもとに、改善できる点等について具体的に書き出していく演習や「幼児期の終わりまでに育ってほしい姿」を用いた演習を行いました。エピソードをもとに、10の姿との関連性や小学校の生活や学習場面とのつながりについて協議しました。

また、本県では幼児教育の質の向上を図るため、平成28年度から幼児教育アドバイザーを配置し、公私立、施設種を問わず県内すべての園等に派遣しています。アドバイザーの活用内容には、幼・保等、小、中連携・接続支援や連携協議会等の講師があり、ここ数年は、小学校や各地域の連携協議会からの派遣依頼も増加しており、連携・接続に関する講話やセミナーで実施した内容の演習等を行っています。

3 取組の成果

セミナーの実施や連携協議会等へのアドバイザーの派遣による成果としては次のようなことがあげられます。

・園等での育ちや学びが小学校の生活や学習につながるという理解につながった。
・小学校における「幼児期の終わりまでに育ってほしい姿」を踏まえた指導の大切さについて考えることができた。
・小中連携についても互いの教育機能を理解することが重要であることに改めて気づいた。

4 今後に向けて

各地域や小学校区等において教員・保育士等の意見交流や研修が行われ、幼・保等、小、中の円滑な接続が図られていくよ

市町村の連携協議会における研修

市町村内の園・小学校の教員・保育士が、「小学校入学までに育てたいこと」について協議し、教育・保育活動につなげます。

幼・保等、小、中連携セミナーの様子①

幼・保等、小、中の教員・保育士が、エピソードを10の姿に照らし、育ちを読み取る演習を行うことで幼児理解を深めます。

中学校区の連携協議会における研修

エピソードを用いた演習により、幼児期からの学びや育ちが小学校以降につながっていることを学びます。

幼・保等、小、中連携セミナーの様子②

読み取ったことを共有し、様々な見方があること、互いの教育機能についての理解を深めます。

う、幼児教育アドバイザーの活用促進や研修内容の工夫改善、研修内容を各園、小学校等の全職員が共有し、実践につなげていくことが特に必要だと考えています。

担当者からのひとこと

演習の内容やどのようなエピソードを用いるかについては、参加者の実感を伴うものとなるよう、幼児教育アドバイザーと何度も検討しました。

元 熊本県教育委員会
指導主事
彌永有香

◆10大分県教育委員会

幼児期の発達や学びを小学校へつなぐための幼小接続地区別合同研修会

大分県では子どもの発達や学びの連続性を踏まえて、幼児教育と小学校教育の円滑な接続を図るため、幼小接続地区別合同研修会を行っています。

1 取組の背景

大分県では、子どもたちが夢中になって遊び、生きる力の基礎を育むように、大分県幼児教育振興プログラムにある「しんけん遊ぶ子」の育成を目指しています。幼児期の子どもは、遊びを中心とした生活を通して小学校以降の学びや生活の基盤につながるさまざまな芽生えを身に付けています。幼小が互いの教育について理解を深めるため、意見交換や合同の研修会などを通じて連携を図ることが求められます。

2 取組の内容

平成31年に大分県教育庁幼児教育センターが教育委員会に新設され、公立・私立の幼稚園、保育所、認定こども園の教諭、保育士等を対象に一元的に研修を実施しています。その研修の一つとして新たに始まったのが「幼小接続地区別合同研修会」です。この研修は県内6つの地域で小学校、幼稚園、保育所、認定こども園の教職員等が参加し、接続のカリキュラムの共通理解や改善・充実に関する研修を地区ごとに行うものです。

小学校での実践事例を基にスタートカリキュラムの編成の在り方についての講義や、「幼児期の終わりまでに育ってほしい姿」を手がかりに子どもの姿を具体的に共有するグループ協議などの演習を行っています。また、令和2年には幼小連携・接続に関する実態を把握するため、県内の小学校と幼稚園、保育所、認定こども園にアンケート調査を実施しました。

3 取組の成果

地域ごとに研修会を行うことで、小学校の教師と幼児教育施設の保育者が同じ場に集い、共に話し合うことの大切さを互いに感じていることがわかりました。

参加者からは、「小学校の先生との意見交換の中で、共通点と視点の違いが共有できた」「幼稚園等で大切にしている姿を捉えた上で、入学後のカリキュラムを組む大切さがよくわかった」などの声が聞かれました。

また、課題としては、交流など連携は進んでいるが、保育者と小学校教師との研修会や保育・授業参観などの取組はまだ少ないこと、連携の障害や接続の段差となるものの捉え方が幼小で異なることなどが、幼小連携・接続に関するアンケートの

自分たちの遊園地について話し合う５歳児

伝え合い交流する場を工夫することで、思いや気付きを友達と共有し、遊びのイメージを広げます。

小学校の様子

幼児期の育ちや学びを生かし、主体的に自己を発揮します。

研修で用いたドキュメンテーション

教師、保育者が共に10の姿を視点にもち、1年生の姿から育ちや学びを見取ります。

地区別の幼小連携会議の様子

幼児教育、小学校教育の先生が共に話し合うことで連携を図ります。

結果からわかりました。

4　今後に向けて

幼小接続地区別合同研修会のねらいの一つは、幼児期の発達や学びを小学校へつなぐために、接続のカリキュラムの共通理解を図ることです。接続のカリキュラムの編成が幼小の教育内容や教育方法の相互理解に役立つという実感をもちながら、改善・充実を図るための取組をすすめていくことが必要だと感じています。

担当者からのひとこと

大分県教育委員会
指導主事兼主幹
深藏祥子

幼小の教諭、保育者が共に語り合い、子どもの姿を具体的に共有しながら、互いの教育内容や方法について理解を深めることが大切だと感じています。

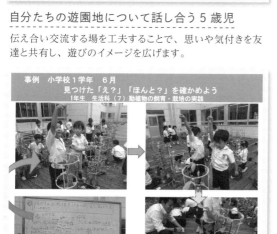

◆11 沖縄県教育委員会

子どもの発達と学びの連続性を保障する

沖縄県では、公立幼稚園を結節点とした「沖縄型幼児教育」を推進することで、横の連携（就学前教育施設同士）と縦の連携（小学校）を目指しています。

1 取組の背景

沖縄県では、小学校の57・5％（令和2年度）に公立幼稚園が併設・隣接されており、小学校の校長が公立幼稚園の園長を兼務するなど、幼小接続が実現しやすい環境にあります。そのため、公立幼稚園から小学校へ入学する5歳児の割合が59・3％（令和2年度）を占めており、小学校との主たる連携相手が公立幼稚園に偏りがちなことが課題となっています。

平成28年度には、公立幼稚園から幼保連携型認定こども園への移行が増える一方、これまでの幼小接続の在り方について考えていく必要がありました。

そこで、平成25年度から推進している「沖縄型幼児教育」の理念を見直し、公立幼稚園だけでなく、移行後の幼保連携型認定こども園を含めて結節点とすることで、就学前教育施設同士の連携（横の連携）と小学校への連携（縦の連携）を実現し、最終的な目標である「子どもの発達と学びの連続性を保障すること」を目指しました。

2 取組の内容

本県では、「保幼こ小連絡協議会」を4月当初に市町村単位で開催することを推進しており、年度初めに園長や所長、校長との顔合わせができるように働きかけています。この場は、年間行事計画の共有や合同研究会の日程調整を行う場としても機能しています。

また、「保幼こ小合同研修会」においては、市町村の実態に応じてさまざまな内容で取り組まれており、授業・保育参観を実施してお互いの様子を知り合うことで交流を中心とした連携から、教育課程等の接続へと発展していくことを目的としています。これらは、市町村単位で開催されるものと園や学校単位で開催されるものとに分かれています。

3 取組の成果

本県では、小学校1校当たりに入学する園（所）は、平均9校という調査結果があり、市町村主催の「保幼こ小連絡協議会」は、一度に多くの園（所）と顔合わせができることが効率的・効果的であるという声がありました。

また、「保幼こ小合同研修会」では、ある小学校の好事例として、連休前に入園した園（所）の先生方をお招きしての授業参観を開催し、授業後は情報交換会の場にしており、3月の申し送り会では子どもの様子が見えなかったが、しばらく経ってからの情報交換会は、その後の対処法に有効であったという報告がありました。別の小学校では、生活科で幼稚園児をお招きする際、合同保育・授業研究会として開催し、小学校と幼稚園が合同で指導案を作成したとのことでした。指導案は、活動内容を挟むように左側が小学校、右側が幼稚園の指導上の留意点が記されており、お互いの教育観を知る機会となり参考になったということです。

4　今後に向けて

最近では、どの市町村においても保幼こ小合同研修会の一環として、小学校が中心となって編成するスタートカリキュラムを園（所）の先生が一緒に手がけるようになりました。ところが、スタートカリキュラムが入学当初の活用で終わっており、特に生活科との関連性が弱い現状があります。それは、スタートカリキュラムが「小学校生活に慣れるための期間」として捉えられており、その準備ができてから生活科に取り組むという流れがあるからです。

今後は、生活科と関連したスタートカリキュラムの作成について、県内外のモデル校の取組を参考に共有し、スタートカリキュラムの必要性や意義について共通認識のもと取り組んでいく必要があると感じています。

授業参観後の情報交換会

顔の見える関係になることで、“相手を知る”ための大きな一歩となりました。

合同保育・授業研究会

大人も子どもも横のつながりだけでなく、縦のつながりも大切です。

担当者からのひとこと

元 沖縄県教育委員会
指導主事
安慶名名奈

幼児期の学びを生かせば、教師の「やるべきこと」が子どもの「やりたいこと」へと変われます。小学校がどれだけ幼児期を受け入れるかが成功の鍵とも言えます。

♥1宮城県仙台市　さゆりこども園

子どもたちの主体性を育む「ランチルーム」の取組

当園では、子ども自身が食べる時間を決める「ランチルーム」の取組を行っています。毎日の生活の中で「自分で決める」経験を積み重ねることで、主体性が身についていきました。

1　取組の背景

さゆりこども園は2020年4月から認定こども園になりました。今まで、子どもたちの姿に「これやっていいですか」「何して遊ぶの?」という受け身の姿が多く、保育士たちは「自分のことを自分で考え、自分で決めて行動できる子になってほしい」と考えていました。園舎が新しくなることをきっかけに、子どもの動きを見直し、自分の事を大人任せにせず自分でするように切り替えたのと、主体性を育むための取り組みとして「ランチルーム」をスタートさせました。

2　取組の内容

当園のランチルームは、自分で食べる時間を決める時間選択制です。子どもは、11時15分から12時30分の間の好きな時間にランチルームに向かいます。遊びが盛り上がっている最中、時間で遊びを強制終了されることがないので、満足した状態で食に向かえています。朝早くに登園した子は、「おなかすいた!」とスタートと同時にやってきます。また、「一緒に食べよう」と仲良しのお友だちとやってくる子もいます。食べる量は、栄養士や調理員と相談し、減らしたり、多めにもらったりと調節することで、自分で納得して食べきることができます。

しかし、小学校では給食を食べる時間が決まっています。そこで、1月からはクラスで決まった時間に食べる形に切り替えます。また、配膳や給食の準備なども当番制になります。

3　取組の成果

ランチルームでの活動を通して、子どもたちは自分で考えて物事を決めること、いわゆる「主体性」を身につけていきました。子どもは自分で決めたことはちゃんと責任を持って終えるということを実践しています。ときには多く盛り付け過ぎてしまい、食べ切れず残したりすることも

ランチルームの様子①

「大盛にしてね」「苦手なの。減らしてください」など、自分から気持ちを発信し、対話する力を育んでいます。

ランチルームの様子②

適量を盛り付けることで、集中して取り組む力がつきます。

ランチルームの様子③

今日自分がどこで食べたいかを自分で考え、決めることの心地よさを体験しています。

ありますが、そうした失敗の経験からも「自分はどのくらい食べられるのか」ということを知ることができます。

この取組は、毎日の生活の一部だからこそ継続的に取り組むことができ、経験を積み重ねるからこそ身につけていけることが多かったと感じています。今では「先生、今日○○して遊びたいな」「ねえ、今日これやらない？」と主体性をもって遊べるようになりました。

また、5歳児は1月から定時給食に切り替わることで、「○○時になったら給食だからそれまでにこの遊びを終わらせよう」という、時間を見て自分の気持ちに折り合いを付けることを学んでいきます。配膳や準備などの当番活動を通して協力したり、友だちのために貢献することの大切さなどを学んでいきました。

ランチルームの様子④

きちんと片づけることは、自己有能感を感じるとともに、次に片づける人の事を考えるきっかけにもなります。

4 今後に向けて

子どもたちの生活のいたるところに、学びのタネはちりばめられています。当番活動や朝の会・帰りの会の経験など、園の活動に小学校での生活をイメージしたものを取り入れていくことで、子どもたちは就学後も自信を持ち、意欲的に活動していけるものと期待しています。

副園長からのひとこと

栄養士・調理員など他職種の職員と協働することで成果をあげている取組の一つです。多角的に子どもの育ちを見つめ、一人ひとり丁寧に育てていきたいと思います。

宮城県仙台市 さゆりこども園 副園長
菅野由美

2千葉県千葉市　ちどり保育園

就学を見据えた継続的な関わり

当園では、千葉市立検見川小学校との交流事業が接続の中心となっています。10年以上継続的に実施されている歴史ある事業です。

1　取組の背景

ちどり保育園（以下、当園）では、毎年、千葉市立検見川小学校（以下、検見川小学校）の先生方が主体となって企画される幼保小の交流事業に参加しています。当園をはじめ、近隣の幼稚園・保育園の年長児と1年生がペアやグループを組み、昔遊びを楽しむ、学校見学をする、秋の実を使った製作物で遊ぶなどの活動を検見川小学校の校舎で行います。

この取組は、年長児にとっては就学する雰囲気を味わったり、不安を解消したりすることができ、案内してくれる1年生にとっては、2年生に進級したときの1年生との関わり方を学ぶことができるというように、双方のねらいに基づいて実践されています。

2　取組の内容

当園は年中長児が2年間同じクラスで過ごす縦割り保育を行っており、新年度になると新年長児が新年中児に対して、日々の生活の流れやルールなどを伝えています。そして交流事業では1年生が年長児と関わり、関わった1年生が2年生に進級した後、学校見学をはじめとした新1年生と関わる機会が設けられます。交流事業は、このような最長4年間に渡る継続的な関わりの一つとして位置付けられています。

このほか、当園の運動会を小学校の体育館で行ったり、散歩コースとして小学校を訪れたりしています。その上で、交流事業の中で子どもたちが直接的にやり取りをすることで、幼保小の関わりはより深まっていきます。

3　取組の成果

交流事業では、1年生、年長児がともに「○○くんだ」「○○ちゃん元気だった？」などと、久しぶりに会う友人のように接したりする一方、知らない相手とペア、グループを組む場合にはお互いに何とかその場の雰囲気をつくろうと努力したりもしています。このような経験がその後のスムーズな小学校生活を送る基盤となっていることを実感しました。

4　今後に向けて

コロナ禍で大混乱だった令和2年度は直接的な交流を行うことができませんでしたが、1年生がつくってくれた製作物で年長児が遊び、その感想のやり取り

平成30年度の交流事業

平成30年度は1年生の教室で交流事業を行ったことで、小学校での授業の雰囲気を感じることができました。

1年生が年長児を案内

1年生が年長児の手を引いていろいろな制作物を案内し、一緒に遊びます。案内される年長児は小学校進学を実感し、就学に対する不安解消へつなげています。

平成20年度の交流事業

「昔遊びを楽しむ」と題して、めんこやこまなどで遊びました。1年生から遊び方を説明してもらったことで、縦割り活動（年中児への説明等）に生かしています。

散歩の途中で小学校を覗き見

散歩コースとして小学校へ訪れ、授業の様子を垣間見ることで、小学校生活を仮想体験しています。

を行うなど、お互いにできることを考えて、工夫して事業を続けました。

　小学校の先生方も私たちも、できれば年１回とは言わず、さまざまな面で連携したいという思いは一緒です。しかしながら、本来の業務が多忙であるのに加え、他のさらなる交流事業に時間を割くということは現実的ではありません。今後は極力業務量を増やすことなく、質を保ち、いかにして量を増やしていくかが課題であると考えています。

副園長からのひとこと

千葉県千葉市
ちどり保育園
副園長
吉岡敦志

お互いに情報共有を行う機会を設けたことで、新しい気づきを得ることにつながりました。継続的な関わりを持つためには日頃からの対話が必要であると考えます。

♥3千葉県香取市　府馬保育園

配慮を必要とする子どもたちのために
～小学校への申し送りについて～

当園では小学校への申し送りに際し、特別支援コーディネーターの協力のもと詳細な情報共有を行っています。

1　取組の背景

当園では、小学校への申し送りは、30年以上前から新1年生の担任が決定してから行ってきました。特別支援教育という呼称が使用された始めた頃から、そこへ特別支援コーディネーターが加わるようになり、平成21年度からは保育所児童保育要録を小学校に送付することとなりました。

この間に、園長である筆者の長男に発達障害の診断がおり、他にも配慮を必要とする園児が数名在籍していることから、小学校側に申し送りの際には、特別支援コーディネーターの同席をお願いしました。

2　取組の内容

4月当初（担任編成後）の小学校への申し送りは、保育園において、小学校側からは新1年生の担任、特別支援コーディネーター（場合によっては教頭も同席する）、園側からは園長・主任保育士・担任が参加して行います。

園側からは、次の資料を送ります。

1. 保育所児童保育要録
2. 発達検査結果
3. 巡回指導用資料
4. アレルギー検査結果　等

平成26年より、重要事項説明書の個人情報の保護に関する基本方針において、「小学校への円滑な移行・接続が図られるよう、卒園に当たり入学する予定の小学校との間で情報を共有すること」としており、すべて保護者の同意書を貰っています。

3　取組の成果

小学校側からは、特に配慮を必要とする子どもたちに関しては、発達検査の結果も踏まえた上での情報の共有となるため、子どもたちを理解しやすいとうかがっています。家庭環境等についても、保護者から伝えられる情報に園からの情報が加わることで、より詳細に知ることができ、クラス運営がしやすくなったという声が届いています。

一方で、過去には他の園から「情報が多すぎることで、先入観が入ってしまうのでは？」という意見を頂いたこともあります。筆者自身は、息子の療育で知り合った医療関係者等との話し合いを通して「不登校を起こさず、毎日通学できるということが一番の優先事項」と思うため、配慮を必要とする子どもたちのためにも詳細な情報共有は必要だと考えています。

4 今後に向けて

以前は入学してから行っていた申し送りですが、小学校の統廃合により難しくなってしまったため、現在は3月末に保育園で行っています。小学校からは、現1年生担任、特別支援コーディネーター、教頭が来園し、保育園側は園長、主任保育士、担任が対応しています。

配慮を必要とする子どもたちの多くは、発達障害等の生きにくさを抱えた子どもたちではありますが、ほかにも医療的ケア児や養育環境に課題がある子どもたちもいますし、卒園後、3〜5年生になってから相談にいらっしゃる保護者の方もいます。私としては、すべての子どもたちの最善の利益のために、小学校との橋渡しのお手伝いができれば……と考えています。

保幼実態調査に使用する書式の例

令和3年度保育所（園）・幼稚園・こども園実態調査

園名　△△△△△△園　〈令和3年　△月△日（△）〉

年齢 ○歳児	幼児 （氏名）	発達障害 診断○ 疑い△	知的障害 診断○ 疑い△	その他の障害 診断○ 疑い△	家庭的な問題	特記事項
○歳児 （男）	○○○○○	○		○		月1回○○診療所に通院
○歳児 （女）	○○○○○	△	○			●●（療育施設名）へ通っている（週1回）。手帳有（B2）

＊上記のように取りまとめたいと考えています。訪問当日資料としてご提供くださるようお願いいたします。
＊該当する項目がありましたら○△等を記入ください。
＊この文書は、㊙で取り扱います。

○歳児　○○○○○（男）
・実態について自由に記述してください。
・
・
・

○歳児　○○○○○（女）
・
・
・

園長からのひとこと

私たちが伝える情報で左右されることもあるので、言葉の選び方には充分注意して申し送りをして下さい。

千葉県香取市　府馬保育園
園長
服部明子

♥4 神奈川県秦野市立みどりこども園

育ちをつなげる こども園の教育課程の編成

秦野市では、学校間の接続を考えた取組が進められています。本園では、幼保連携型認定こども園の機能を生かし、小学校教育との接続を意識した教育課程を作成しました。

1 取組の背景

「小学校教育との円滑な接続」が平成26年4月に告示された幼保連携型認定こども園教育・保育要領に記載されています。本園では小学校との接続の重要性を感じながらも、今まで行ってきた交流活動から接続の視点での取組に前進させることができずにいましたが、今年度に文部科学省から研究委託を受けたことで課題意識が高まり、前進するきっかけとなりました。

2 取組の内容

小学校教育との接続において、幼児期における資質・能力を育むことが大切であると捉え、幼児が主体的に自己発揮しさまざまな活動体験を積み重ねられるような教育課程を編成しました。

①教育課程の見直しと作成

まずは、教育課程の見直しを行いました。その過程で、これまでの教育課程は保育教諭の経験に基づいた立案であったことや、保育教諭によって保育内容や幼児の捉え方に違いがあることなど、多くの気づきがありました。また、研究内容が日常保育とつながっていることも感じ、保育者の意識改革にもなりました。これらを踏まえた上で、園での一貫した考えをもったねらい、内容を検討、作成しました。

②教育課程の様式の検討

5領域、幼児期の終わりまでに育ってほしい姿の表を作成し明確化を図りました。「想定される幼児の姿」については、全体的な姿だけでなく個々の姿にも焦点をあてて記載し、さまざまな幼児の姿を捉え指導の工夫を考えました。

3 取組の成果

教育の重点や育ってほしい姿について、園全体で共通理解が図りやすくなりました。幼児が園生活でさまざまな体験を積み重ねていくことが確かな育ちとなり、幼児の「生きる力」や「学びの基礎」となることが明確になり、そのことが小学校教育につながっていることの重要性を感じました。

4 今後に向けて

作成した教育課程を基に実際の幼児の姿と照らし合わせ、検証、見直しを図り、より充実した教育内容としたいと考えています。また、今年度の取組を踏まえ0歳児から2歳児までの教育課程を再編成し、0歳児から5歳児までを見通したうえで、一人一人に寄り添い、よりよい

教育課程の様式の例

期	期（　　月～　　月）		健康	人間関係	環境	言葉	表現
ねらい	①	5領域	◎				
	②			◎	○		
	③						
	④						
	⑤						
	⑥						

想定される幼児の姿		指導の工夫	
	①・ ・ ②・ ・ ③・		①・ ・ ②・ ・ ③・

主な活動		育ってほしい10の姿	健康	自立	協同	道徳	社会	思考	自然	数量	言葉	表現
	①		◎									
	①		◎									
	②				◎			○				
	③											
	③											
	③											

環境構成及び援助	①・ ・ ・ ②・ ・ ③・ ・
地域との連携	
家庭との連携	

「幼保連携型認定こども園教育・保育要領」の第2章の5領域のねらいを基本に作成する（ねらい）

・期ごとのねらいが5領域のねらい及び内容と関連しているか分析し、可視化できるようにした
・重点を置く領域に◎（メイン）○（サブ）をつけ、明確にする（5領域）

「ねらい」に対する全体的な幼児の姿や個々の姿を捉えて記入する（想定される幼児の姿）

想定される幼児の姿からねらいを達成するための指導の工夫を記入する（指導の工夫）

「ねらい」を達成するために経験させたい内容を記入する（主な活動）

5領域を基に、育ってほしい姿を分析し、◎○をつける（育ってほしい10の姿）

「主な活動」に対する環境構成及び援助を記入する（環境構成及び援助）

「幼稚園」「小学校」「中学校」等との交流や関わりを記入する（地域との連携）

「主な活動」（園の教育活動）を家庭に知らせ、相互理解していきたい事を記入する（家庭との連携）

成長を促す教育者としての力量を仲間と共に高めていきたいです。

園長からのひとこと

元 神奈川県秦野市立みどりこども園
園長
原 早苗

年長児のアプローチカリキュラムは幼児期の終わりまでに育ってほしい姿を幼児の実態と照らし合わせ、多面的に幼児の育ちや学びを捉えることが必要です。

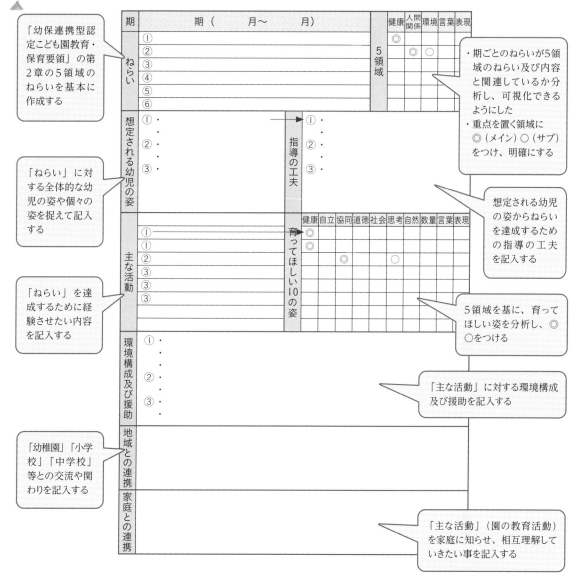

♥5 石川県津幡町立つばた幼稚園

主体的で自然な関わりを大切に

当園では、小学生と園児が主体的に遊ぶ中で協同する力を育むことを大切に、教育課程の見直しをしながら幼小の円滑な接続を探るとともに、セーフティーネットとしての役割を考えています。

1 取組の背景

当園では、これまで小学1年生の「秋のおもちゃランド」「新1年生を迎える会」に招かれてきました。いずれの機会でも幼児は受け身で、小学校の教師が主導して行われたため、幼小の子どもたちの関わりにはどこか緊張感があるように見えました。もっといろいろな学年の小学生と園児が主体的に向き合って関わり合い、その過程を通して、みずからの可能性を発揮し、ともによりよい社会と人生の創り手となっていけたらという思いが取組のきっかけとなりました。

2 取組の内容

①子どもとPTAによる行事の開催

主体的に関わる小学生の姿をモデリングできるよう、小学1年から中学3年まで幅広くボランティアキッズを募り、資源回収・夏祭り・文化祭等の役を担って参加してもらっています。2年目以降は、当園の卒園児ではない小学生も参加するようになりました。

②放課後教室でともに楽しむ

地域のコミュニティとして親子で関わり社会とのつながりを意識していけることを願い、降園後、茶道・科学で遊ぼう・ボードゲーム・クッキング等の遊びを開催しています。園児のときから中学1年になっても茶道教室に来ている学生や、PTAのOBの方も参加しており、大人から未就園児までが関わり合って楽しんでいます。

③園庭の開放

園庭を開放し、降園後や延長の園児とともに小学生が連続的に遊ぶことで、幼小の仲間意識が深まり遊びが充実することを願っています。砂遊びや虫探し、サッカー等の遊びを楽しんでいます。科学部の中学生と地域の方が竹や流木等を使って作ってくれた「秘密のとりで」という迷路や「築山」もあり、夏にはそこに餌をしかけ、カブトムシやクワガタをおびき寄せて遊んでいます。

3 取組の成果

園を中心に地域の交流が盛んになり、以前はぎこちなかった園児と小中学生との関わりが自然で親密なものになりました。

コロナ禍によりボランティアキッズを募ることができない中でも、夏休みに高校と中学の女生徒3人が「何か手伝えないか」と来てくれ、夏祭りを手伝ってくれました。その中の一人は不登校となっていますが、園にはみずから来てくれました。園が卒園後の子どものセーフティネットのような場になっていることにも意義があると感じています。

ほかにも、一度ボランティアキッズをしてくれた子どもは園庭に大きな落ち葉温泉をつくってくれたり、園の表現会でコンサートをしてくれるなど、継続的に園と関わってくれています。

4 今後に向けて

この学生たちの取組をそれぞれの学校に発信することで、学校が子どものさまざまな子どもの個性を認める場となってくれたらと思います。園児だけではなく、園に関わってくれるすべての人々が目的をみずから考えだすことができる場、つながることができる居場所となることを願っています。

放課後教室の様子

小学生と一緒に活動する中で、より深い学びへとつなげます。

落ち葉温泉

小学生は役立ち感を、園児は自分たちではできないダイナミックな体験を味わい、互恵的関係を深めています。

表現会の様子

中学1年生と小学5年生の兄弟のコンサートを開催し、いろいろな表現を知るとともに憧れの気持ちを育みます。

園長からのひとこと

小学校と園の教師間ももっと主体的に子どもの育ちを願い接続を考え合うことが出来たら、子どもたちがとても幸せになれると思います。

石川県津幡町立 つばた幼稚園 園長
山崎昌美

6 福井県敦賀市立敦賀北幼稚園

子どもたちのスムーズな就学に向けて

敦賀市では子どもたちのスムーズな就学のため、小学校と幼稚園の間で垣根のない交流を進めています。

1 取組の背景

敦賀市では福井県独自に策定されたカリキュラムにのっとって幼小の連携・接続を進めています。当初は「交流内容を考えなければ」「忙しい中で時間をどうつくろう」などと考えすぎてしまい交流を負担に感じるところがありました。そこで、幼小接続推進会議の中で子どもたちや先生に負担のかからない連携・接続について話し合いました。その中で、一から交流内容を考え準備するのではなく「普段の授業や保育の中での交流はできないだろうか」「お互いに素材や遊びを持ち寄って交流するのはどうだろう」「もっと気軽に誘い合ってもよいのでは」など、どちらにも負担のかからない日常的な交流を通して接続を進めていくことにしました。

2 取組の内容

私たちの園は、同一敷地内に小学校があり、普段から校内放送や授業の様子など、小学校の雰囲気が感じられる恵まれた環境にあります。そこで、夏には生活科の授業でシャボン玉遊びをしたり、秋には自然物を持ち寄っておもちゃづくりをしたりしました。園児が小学校に出かけて授業や行事に参加させてもらうことで、小学校への親しみも増しています。ときには1年生と手紙のやりとりをしたり、「小学校ってこんなところだよ」「こんな行事があって楽しいよ」と絵や文で教えてもらったりして、就学への期待が高まっています。「今日こんな行事があるんだけど、よかったらどうぞ」と声をかけていただくこともあり、気軽に行かせてもらっています。幼稚園の公開保育に小学校の先生が来てくださり、年長児の様子を見てもらうことで、次年度就学児の情報共有の場にもなっています。

3 取組の成果

情報交換や公開保育を通して、小学校の先生方にも園児の学びをより深く理解していただくことができています。園児も児童と交流することで「小学校って楽しそう」「早く1年生になりたいな」という気持ちが育っています。また、年長組の担任が1年生の授業や生活の様子、教室の掲示物などを見ることで、小学校を意識した活動を取り入れるようになり、就学前の保育の幅も広がっています。一から難しく考えるのではなく、普段の授業や活動、行事を生かすこ

交流の様子①

シャボン玉の吹き方などをやさしく教えてもらうことで、1年生への親しみの気持ちを育みます。

交流の様子②

一緒に体を動かして遊ぶことで親しみが増し、小学生に対してあこがれの気持ちを育みます。

手紙での交流①

応援のお手紙をもらうことで、運動会のモチベーションアップにつながります。

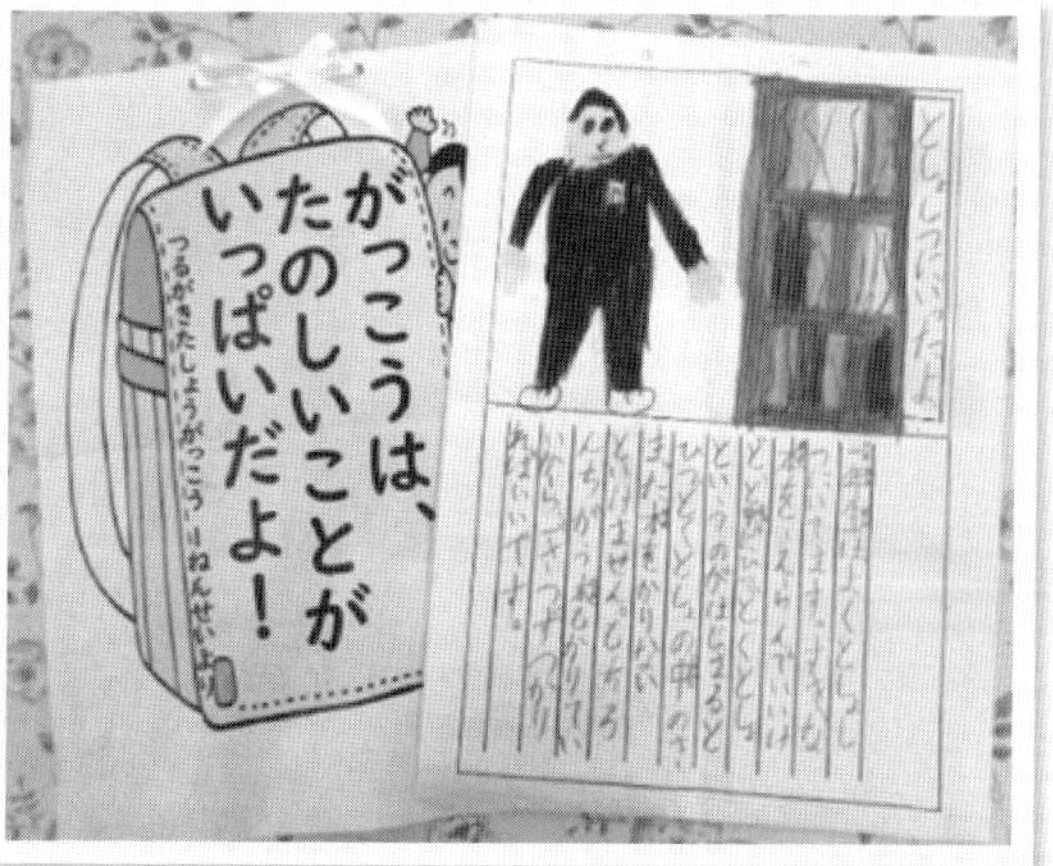

手紙での交流②

小学校のことを手紙で教えてもらうことで、就学への期待が高まります。

とで小学校との交流も増え、園と小学校の信頼関係につながっています。それが子どもたちのスムーズな就学や安心感にもつながっているのだと思います。

4 今後に向けて

敦賀市は幼児教育と小学校教育の連携に力を入れており、市保幼小が連携・接続しやすい体制が整っています。子どもたちが安心して小学校生活をスタートできるように、小学校と幼稚園が無理のない連携・接続を続けていきたいと思います。

園長からのひとこと

元 福井県敦賀市立
敦賀北幼稚園
園長
田辺美由紀

小学校と幼稚園の教員が垣根なく意見交換できることで、就学への安心感やスムーズな接続につながっていると思います。

♥7 静岡県長泉町　聖心保育園

自分の思いを自分の言葉で伝えられるように

長泉町では、幼保・小・中の連携を深め、発達段階に応じた学びを支える縦の接続を大切にするという基本方針に沿い、就学前児童の学校体験を実施しています。

1　取組の背景

長泉町は平成28年2月に策定した教育大綱に「夢や目標の実現に向けて『志を抱く人』づくり」を目標とし、幼児教育の分野では、個性を尊重し、良さが生きる教育・保育を行い、学校教育との接続を大切にすると基本方針に記載されました。以前は、行政としての連携は公立園を優先して行われているという状況がありましたが、学校体験（学校給食体験）や交流会など町内民間園も含め、就学前の子どもたちが等しく機会を得ることができるようになりました。

2　取組の内容

就学という目標はありますが、「小学校に行くための保育の展開」には疑問があり、子ども自身の「やりたい」「やってみたい」を大切にしています。

当園の保育のスローガンでもある「にこにこ　はきはき　ありがとう」のはきはき＝「自分の思いを自分の言葉で伝えられるように」は、年長にさえなればできるようになるということではありません。入園してからの日々の丁寧な保育の積み重ねが必要で、安心できる環境の中で安心できる大人との関わりや、子ども同士のつながりを大切にした保育の展開が、育ちを支えていくと考えています。

発達段階に応じた学びや経験を積み重ね、グループ活動なども行います。保育者の助言もありますが、自分たちで考え、つくりあげていくためにも、自分の考えを「言葉」で表現できる力は重要です。そのため、乳児期からの絵本の読み聞かせなども大切にしている活動です。

3　取組の成果

小学校での学校給食体験や一年生とのふれあい会（卒園児のいるクラス）を通し、年上の子

野菜作りの様子

苗の植え付けから体験することで、自分たちの「食べるもの」への興味関心が深まり、食べる喜びと意欲を育てます。

どもたちの成長した姿と触れ合うことで小学生になることへのあこがれや、期待感が育っています。
　また、日々の保育では園の中で自分たちが年長者であるという自覚が育ち、さまざまな活動に対してより意欲的に取り組む姿が見られるようになりました。

4 今後に向けて

子どもの育ちを共有し、小学校教育との円滑な接続に努めるための資料（保育所保育児童要録）の送付や、卒園した子どもの学校生活の様子を知るための情報交換会などが実施されているものの、どこまで子どもの育ちが共有できているのかという思いも残ります。また、支援を要する子も増加している中で一人ひとりの育ちを共有する難しさも感じています。
　小学校（１年生）の授業参観に保育者が参加する機会があり、意見交換なども行っている一方、学校の教員が民間園に保育の様子を見に来る機会は持たれていないなど、さまざまな課題があるのが現状です。関係機関が連携し相互理解が深まるよう課題を共有していくことが今後の円滑な接続につながっていくのではないかと思います。

園長からのひとこと

主体的で応答的な保育の積み重ねが子どもの育ちにつながることを意識し、その育ちを共有できる環境構築が大切であると感じています。

静岡県長泉町
聖心保育園
園長
吉川慶子

1年生とのふれあい会

授業の模擬体験をし、１年生から小学校での生活の様子を聞くほか、別室で学校給食をいただきます。これらの体験により意欲的に取り組む姿がみられるようになります。

献立会議の様子

栄養士との献立会議。たくさんの大人と関わりながら成長していきます。

園外活動で地域の自然に触れる

園外活動では年下の子どもたちの面倒もしっかり見ます。地域の自然や文化に触れるのも学びの一つです。

♥8愛知県知多市立梅が丘幼稚園

幼児期の学びを児童期につなぐ連携交流会

知多市では、幼保小連携交流会を開催し、幼児期の学びと小学校の学習のつながりについて幼保小の保育者と教員が具体的な子どもの姿を通して伝え合っています。

1 取組の背景

これまでは年2回、連携交流会が催されてきましたが、幼児と児童の交流活動について打ち合わせたり、小学校から入学間もない児童の戸惑いの様子や、幼稚園・保育所で身につけておいてほしいことを聞いたりすることに留まっていました。

幼稚園教育要領・保育所保育指針・小学校学習指導要領の改訂（定）にともない、幼保と小の接続の大切さを改めて共通認識し、既存の知多市接続期カリキュラム（アプローチカリキュラムとスタートカリキュラムの総称）を改訂しました。幼児期から児童期にかけても資質・能力が育まれるように、「幼児期の終わりまでに育ってほしい姿」を幼保のアプローチカリキュラムと小学校のスタートカリキュラムの両者に示し、学びの芽生えから自覚的な学びへとつなぐ意識化を図りました。

2 取組の内容

アプローチカリキュラムでは、幼児が自分の思いや考えを伝え、仲間と話し合いながら遊びを進めることや、一日の生活の流れを見通して行動することに指導の重点を置き、保育者が意識しながら取り組んでいます。

接続期カリキュラムをもとに幼稚園・保育所・小学校がそれぞれ教育活動を行いながら、連携交流会の話し合いのあり方や交流活動の仕方を工夫しました。

5月には、保育者が小学校の授業参観後、小学校教員と児童の姿の読み取りについて意見交換したり、気になる児童に対して園で行ってきた援助を伝えたりしました。交流活動は、小学校の授業のねらいを保育者が踏まえたうえで、1年生の授業を参観したり行事に参加したりすることで、互恵性のある機会となりました。

連携交流会では、生活科の朝顔栽培の話題の際に、園では自然物と触れ合い、諸感覚を通して感じたことを保育者や友達と共感し合う体験を大切にして感性を育んでいることを伝えました。小学校教員から「園でのそうした経験が、感じたことを自分なりの言葉にして伝える姿に表れているのですね」と受け止められたことで、互いの教育のつながりを実感し合うことができました。

3 取組の成果

接続期カリキュラムを改訂し、話し合いの際には園として「幼児期の終わりまでに育ってほしい姿」を手がかりに、子どもが遊びを通して経験している姿を具体的に伝えようと心がけるようになりました。そのことで、小学校教員が保育内容をイメージしやすくなり、学習内容とつなげて考えてもらえるようになったと感じます。また保育者と教員が互いにわかり合おうと歩み寄るようになりました。

4 今後に向けて

接続カリキュラムをもとに、協同的な遊びや体験の充実など小学校との円滑な接続を視野に入れながら、さらに保育を充実させたいと考えます。また、連携交流会での話し合いを深めるとともに、交流活動後にも小学校を交えて話し合う時間をもち、幼児・児童双方の姿から育ちや学びについて共有していきたいと思います。

幼児と児童の交流①

幼児が、児童の主体的に自己発揮し活動する姿に親しみをもって関わることで、憧れの気持ちをもったり、小学校就学への不安を和らげたりする姿を育みます。

幼児と児童の交流②

授業参観後、小学生に学校で使う用品を教えてもらい、興味深く見入っていました。

幼児と児童の交流③

小学校の「秋のフェスティバル」に招待してもらい、小学生の作品や話に刺激を受けました。

保育者と教員の交流

幼児期の育ちや児童期に大切にしたいことを保育者と教員とで伝え合いました。

園長からのひとこと

元 愛知県知多市立梅が丘幼稚園 園長
鈴木由美子

遊びを通した学びをわかりやすく説明することは簡単ではありませんが、小学校の先生にも伝わるように具体的な姿で話すことが大事だと思います。

♥9滋賀県東近江市立さくらんぼ幼児園

ドキュメンテーションの共有から学びをつなぐ

～子どもが心を動かし夢中になる遊びから～

当園では、県の研究指定を受けた小学校の教員とともに、「幼児期の終わりまでに育ってほしい姿」を共通の視点とした実践の実現に向けて取り組んできました。

1 取組の背景

以前から1校3園で幼小の交流事業は行っていましたが、お互いの実践を深め合うまでには至っていませんでした。今年度、小学校が県の指定研究「学びに向かう力推進事業」を受け、小学校から加配教員が週15時間（2日間）園で勤務するようになり、共通のテーマで研究に取り組むことになりました。

2 取組の内容

保育者、教師がそれぞれの立場から、互いの保育や教育を知ることで、幼小接続期の子どもへの関わりに生かせるように、保育者や教師の交流や研修を重ねてきました。特に「幼児期の終わりまでに育ってほしい姿」を踏まえた視点から、①公開保育・授業後の協議、②園の遊びの写真から子どもの姿を見取る研修、③ドキュメンテーションの共有による子どもの姿の共有を行ってきました。

幼小の職員での子どもの姿を見取り語る会では、園の「泡クリーム石けん遊び」の写真を1枚提示し、何を楽しんでいるのか、どのような目的や思いをもって遊んでいるのかをエピソードとともに伝えました。その上で、「幼児期の終わりまでに育ってほしい姿」の視点から協議する中で、園での遊びと小学校での学習との関連性を知り、学びの連続性を確認することができました。

また、毎月0歳児から5歳児の遊びのドキュメンテーションを保護者向けに掲示してきましたが、小学校でも同様に掲示してもらうことで、園での遊びにおける学びの姿を共有し、相互理解を図りました。

3 取組の成果

「幼児期の終わりまでに育ってほしい姿」を共通の視点として話し合ったことにより、短時間でも有意義な研修となりました。小学校にとっては、ドキュメンテーションにより保育が可視化されたことで、遊びが学びにつながっていることや、保育者の関わり方を知る機会となり、園にとっては、小学校の生活や教師の思いや願いを知る機会となりました。このことが互いの保育・教育への理解につながったと考えています。

また、一年間ドキュメンテーションを継続したことで、「幼児期の終わりまでに育ってほしい姿」を意識した保育環境や援助のあり方という観点から日々の保育を振り返ることとなり、保育者一人ひとりの保育の質の向上にもつながりました。

4 今後に向けて

研修や協議時間の設定が難しいなどの課題はありますが、今後も短時間でも、幼小での話し合いの機会を計画的にもつことが必要だと考えています。次世代を担っていく子どもたちがスムーズに次のステップに歩んでいくため、園と学校でより相互理解を深め、連携と接続をしていきたいです。

滋賀県東近江市立さくらんぼ幼児園 園長
本持 恵

園長からのひとこと

0歳児からの育ちがあっての5歳児の姿であることを踏まえ、担当者だけでなく園として組織として幼小連携を捉えていくことが大事です。

職員同士の交流①

遊びの写真を活用して、幼児期の終わりまでに育ってほしい姿を読み取る力を育みます。

職員同士の交流②

互いの教育について話し合い、知ることで、教育の質の向上を目指します。

子ども同士の交流①

幼児と児童の交流会を通して互恵的な学びを支えます。

子ども同士の交流②

試したり工夫したりできる環境を整えることで学びに向かう力を育みます。

♥10滋賀県彦根市立稲枝東幼稚園

学びの連続性を意識した幼小連携

子どもにつけたい力は何か、幼稚園と小学校が子どもの姿を通して理解し合い、一人ひとりの発達と指導をつなぐ取組を行っています。

1 取組の背景

本園と隣接する小学校とは、昨年度から5歳児と小学1年生の児童がさまざまな場で交流する機会を設け、滑らかに接続できるように取り組んできました。しかし、今年度は学校も幼稚園も6月からのスタートとなり、密閉・密集・密接を避けることが求められるなか、従来の交流は難しいものがありました。そのようななかでも、「今できることを」を学校と話し合いながら進めてきました。

魚釣りゲーム

1年生の手本を見て魚釣りゲームを楽しんでいます。

2 取組の内容

11月後半、小学校から5歳児に対して、2年生・国語科の音読劇と1年生・生活科の秋祭りへの参加の招待がありました。交流活動で大事なことは、その体験の質です。「お客」としてただ音読劇の発表を聞き、1年生がつくったもので一緒に遊ぶ活動に終わってはいけないのです。園としては、活動の中に5歳児の気づきや学びがあり、「幼児期の終わりまでに育ってほしい姿」のうち「思考力の芽生え」「言葉による伝え合い」「豊かな感性と表現」につながるようなものにしたいと考えました。そこで、小学校の担任と5歳児の担任とが指導計画を持ち寄り、互いの「つけたい力」について話し合う時間をもちました。

当日、2年生の音読劇の感想を求められた子どもたちは「声がそろっていました」「動きが面白かったです」と自分たちなりに言葉で伝えることができました。子どもたちは、園に帰ってくるなり「カエルのぴょんの歌、おもしろかったなあ」「ほかのクラスにも見せたいな」と小学生から教えてもらった歌とリズムを再現して練習し、下の年齢の子たちに向けて発表しました。

3 取組の成果

それぞれが感じ取った面白さから子どもたちの遊びが深まる様子が見られ、交流を通して「いよいよ小学校に入学するんだ！」という期待や希望を膨らませることができました。また、教科の学習に参加することで、今まで漠然と捉えていた小学校での学びと幼稚園での活動との違いがわかったり、これまでしてきたことの発展としてイメージできるようになりました。
　1年生の担任が「どんな秋祭りにしようか」と問いかけたところ、子どもたちは幼稚園で経験してきたことを踏まえ、お客さんを楽しませようとする工夫を次々に提案したり、自分の経験を振り返ってやり方を反省したりする姿もあったそうです。
　子どもたちは既習体験を生かしながらさらによりよいものを目指して取り組んでいるのです。
　だからこそ幼児教育では「主体的で対話的で深い学び」の素地を子どもたちが身につけられるよう、子どもの興味関心や発達に合わせて適切な支援や環境構成をしていくことが必要なのだと思います。

4 今後に向けて

　幼児期は、遊びや生活を通して自分の思いや考えを伝えたり、友だちと力を合わせてやり遂げたりする経験を積み重ねていきます。そのことが、小学校以降の「主体的な学び」「学びに向かう力」の芽生えになります。幼稚園での「遊びの中の学び」、あるいは小学校での「体験からの学び」を見取ることを焦点化し、遊びと学びをつなげる「つながりカリキュラム」になるよう、子どものよりよい育ちを願い、学びを語り合い滑らかな接続を目指していきたいと考えます。

音読劇の発表（2年生）

小学校の国語科の学習に参加して、イメージを広げて読むことの楽しさを味わいました。

5歳児からの「ありがとう」

見せてもらうという一方通行ではなく、子どもたちなりに感じたことや気持ちを言葉にして、2年生の学級へ届けました。

お楽しみ会での発表に挑戦！

小学校で一緒に楽しんだ音楽を、今度は自分たちが表現者となって3歳児や4歳児に発表しました。

滋賀県彦根市立稲枝東幼稚園
園長
小林典子

園長からのひとこと

幼小連携で一番大切なことは、小学校の教員と幼稚園の教員とが「顔見知り」の関係を築くことだと考えています。

♥11滋賀県彦根市立金城幼稚園

小学校5年生と5歳児の交流

当園では、近隣地域の小学校5年生が行っているお米作りの学習に5歳児が参加させてもらっています。田植え見学や稲刈り経験をしたり、おにぎりパーティーに招待してもらう中で、5歳児と5年生の交流を深めています。

田植え見学

５年生の田植えの様子を見ることによって、毎日口にするお米はどうやってできるのか、お米を作っている人がいて食べることができるなど、労働の大切さを育みます。

1 取組の背景

当園の近隣地域では、小学校5年生が年間を通して地域の方々に教えていただき、お米作りの学習をしています。そこに参加させてもらう形で、幼稚園の5歳児が田植えや稲刈りを見学したり、おにぎりパーティーに招待してもらったりして、5歳児と5年生が交流を深めています。

2 取組の内容

5月には、田植え見学に出かけ、田植えをする様子を見学させてもらいます。そのときに苗を数本いただき、保育室前の目につくところに植えたところ、「田んぼでこれくらい大きくなったかな」と関心を持って毎日見るようになりました。

9月の稲刈りにも関わらせてもらう予定でしたが、当日は園行事と重なり中止となりました。

12月4日には、5年生が園に「おにぎりパーティー」の案内状を届けてくれました。事前に5月の田植え見学のことを話題にすると、子どもたちはそのことをよく覚えていて、「泥んこになってやった」「稲刈りは見に行けんかったな」と話してくれます。また、お米に関連した絵本をクラスに置いておくと、稲の生長やお米からできる料理に関心を持つようになりました。

当日、「ふれあいタイム」で5年生が考えてくれた○×ゲーム、折り紙遊び、お絵描き、ジャンケンゲームなどをして過ごすと、緊張していた幼稚園の子どもたちも少しずつ打ち解けて笑顔が見られるようになりました。また、5年生がラップにご飯を乗せてくれ、5歳児の子どもたちがそれを丸めておにぎりを作りました。

3 取組の成果

5歳児は年間を通じたお米づ

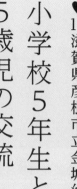

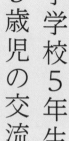

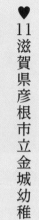

おにぎりパーティーでの「ジャンケンゲーム」

小学校5年生の人達と交流することによって、さまざまな人とのふれあいや人への思いやりを育みます。

くりの学習に一緒に参加することで、「知っているお兄さんお姉さん」として少しずつ5年生に打ち解けていき、泥んこになって田植えをする姿や優しく教えてくれる姿に憧れの気持ちを抱いていたようです。5年生は、5歳児の好きそうなことを考え、喜んでもらえるととても誇らしげでした。

家庭でランドセルや学習机をそろえるにつれ、子どもたちは小学校を楽しみにする気持ちと同時に、「ひとりで行けるかな」と不安な気持ちも持つようになります。そんなときに交流の機会を持つことで、期待する気持ちが高まったようです。

また、小学生におにぎり作りを教えてもらう経験を通して、園での弁当の具に興味を持ったり、家庭でもおにぎりを作ったりするなど、お米や食への興味につながりました。

4　今後に向けて

交流での事前事後の話し合いを通して、「幼児期の終わりまでに育ってほしい姿」を共通の視点に持ち、協議していく必要を感じました。幼稚園から小学校へ積極的に出向いて発信していけるようにしたいと考えています。

5年生と一緒におにぎりを作る

おにぎり作りを教えてもらうことによって、小学校のお兄さんお姉さんへの親しみがわき、学校への不安な気持ちがなくなり、入学への期待が膨らむことにつながります。

作ったおにぎりを「いただきます」

作ったおにぎりを一緒に食べることによって、園でのお弁当の具に興味をもったり、家庭でおにぎりをつくったりするなど、食への興味関心が深まります。

園長からのひとこと

5歳児最後の教育課程のアプローチカリキュラムから、小学校1年生の教育課程のスタートカリキュラムへとつなげていく、学びの連続性の視点を持つことが必要と感じています。

滋賀県彦根市立
金城幼稚園
園長
中川有美

12 滋賀県彦根市立城北幼稚園

子どもの安心と笑顔のための幼・小接続

当園は彦根城と琵琶湖に囲まれた文化と自然豊かな園です。小学校と隣接している好条件を生かし、子ども同士や教員同士の交流を進めています。

1 取組の背景

交流のきっかけは、小学校１年生の担任の先生が、「幼稚園では日々どんな活動をしていたのかを見たい」と園を訪ねてくださったことでした。笑顔で卒園していったはずの子どもたちが小学校で緊張してしまい、本来の自分を出せないでいる姿に気づいたことを伝えてくださり、そこから園と学校との必然性のある交流が始まりました。

2 取組の内容

交流のしかたは、４つに分けることができます。

「ちょこっと交流」では、園と学校が隣接している好条件を生かし、20分程でできる簡単な交流を行っています。園の年長児の「朝の会」に小学校１年生が１クラスずつやってきて、園児が身体一杯の表現で歌を歌ったり、健康観察で一人ずつに声をかけながらみんなで確かめ合ったり、今日のお当番さんが自己紹介したりする様子を見てもらいます。１年生の子どもたちからのお返しは、「国語」の教科書に載っている「おむすびころりん」の音読でした。

「がっつり交流」では、１年生の生活科「あき見つけ」の活動にお客さんとして招待して頂きました。年長児は、お土産を一杯もらい嬉しそうに帰ってきました。その後、反対に園の「お店屋さん」に来てもらった際には、１年生から教えてもらった遊び方や呼び込みの仕方を十分に生かしていました。「お兄さん・お姉さんとまた会いたいな」という思いを持つこともできたようです。

「ふれあい委員会との交流」では、小学校の「ふれあい委員会」が昼休みに園に来て、年長児と「鬼ごっこ」や「だるまさんが転んだ」で遊びました。

「教師間交流」では、小学校と園の担当者が交流し、お互いのねらいや交流の詳細を話し合いました。年度末には反省と次年度へのつなぎをしています。園の「アプローチカリキュラム」も一緒に話し合い、検討をしています。

3 取組の成果

学校と園の教師間で、子どもたちの安心感・笑顔のために大事にすべきことを確認し合えたことで、子どもたちが園から学校へ進むにあたっての過度の緊張がなくなりつつあります。小学生は自信のある表情で生き生きと活動でき、園児は学校やお

「ちょこっと交流」①

身体を一杯に使って歌うことで、表現を楽しみ、感じたり考えたりする力を育みます。

「ちょこっと交流」②

「おむすびころりん」の音読を聴くことで、言葉への興味関心を育みます。

「がっつり交流」

「お店屋さん」の説明を聞いている様子。交流により小学校生活への期待や憧れを育みます。

「ふれあい委員会との交流」

一緒に「だるまさんが転んだ」で遊ぶことで子ども同士の交流を深め、健康な心身を育みます。

兄さん・お姉さんへの憧れの気持ちをふくらませました。

4 今後に向けて

コロナ禍で従来のような直接対面ができない中、小学校の音楽会をタブレットで録画したものを園で視聴しました。このようにICTの活用による交流を、今後も創意工夫を重ねながら続けていきたいと思っています。

園長からのひとこと

滋賀県彦根市立城北幼稚園
園長
矢守ひとみ

学校も園も大切にしたい思いがあります。互いに理解し合いながら、語り合う場を大事にし、目の前の子どもたちの安心と笑顔のために一緒に進んでいけるといいなと思います。

♥13 京都府長岡京市　今里こども園

学校とのスムーズな連携を目指して

本園は、京都と大阪の間に位置し、自然と歴史に恵まれた環境で保育を行っています。小学校と隣接していることを生かし、小学生と園児の交流に取り組んでいます。

※本園は平成30年に保育園から認定こども園になりましたが、この事例ではそれ以前の取組について紹介しています。

1　取組の背景

本園は、保育園と小学校が隣接しているという条件を生かして、年間を通じて小学生と園児の交流を行っています。

交流のねらいと内容は、次の通りです。

■ねらい

①保育園と小学校との連携をはかり、小学校への円滑な接続を進める。

②交流することで小学生・学校に対して親近感を持ち、小学校へ進学する期待や意欲を育てる。

③あそびからまなびへの連続性を図る。

④小学校の先生と保育士がお互いの学びを理解しあい、子どもたちのよりよい育ちへつなげる。

■主な内容

1学期：1年生と年長でグループを作り2学期以降のグループ活動につなげる

2学期：身体を使った遊び（6年生・年長）、1学期からのグループ活動で学校・保育園それぞれで秋みつけの活動につなげる、交流遊び、学校・保育園それぞれで発表会や作品展を楽しむ、もうすぐ1年生体験

3学期：中間休み交流（5年生・2年生。学校での活動は1年生担任3名が担当し、保育園での活動は年長担任が担当する）

以上の取組を通して、子どもが自分自身の成長にも気付くことができるようにしていきたいと考え交流活動を計画しています。

2　取組の内容

1学期末には、小学生を保育園に招き、保育園児と小学生が一緒に歌を歌ったり、楽器を触ったり、リズムを通しての言葉遊びを体験しました。

2学期に入ると、交流授業を見据え、導入を兼ねてのグループ毎の交流遊び、小学校の体育大会の招待状を作って渡す、保育園の運動会の練習を応援するなどの活動を行います。一緒に活動するグループのメンバーが顔見知りになり、楽しく交流できています。

さまざまな活動のうち、ここでは特に10月に実施した生活科（単元名：つくろう　あそぼう）における交流学習の単元目標を紹介します。

単元目標

（1年）身近な自然物を使って、おもちゃをつくったり、あそんだりして、遊びの面白さや自然の不思議さに気付くとともに、園児とともにおもちゃや遊び方をさらに工夫したり、相手の喜

びを実感したりすることで、人と関わることの楽しさが分かり、自分自身の成長に気付くことができるようにする。

（園児）一緒に遊んで仲良くなった1年生と共に話し合ったり、工夫して遊べるもの作ることで活動する楽しさを味わい、自ら成長していくイメージを持つ体験をする。

生活科指導案

保育園名　今里保育園　学校名　長岡京市立長岡第七小学校

1　対象　第1学年2組　男子16　女子14　30名　ゆき組（年長児）11名　そら組（年中児）10名
2　本時の目標（4・5／6）年中児の活動時間の配慮のため本時は3・4時間目12時終了
3　目標　相手が園児であることを考えて，おもちゃや遊びのルールを工夫して，いっしょに遊ぶことができる。

本時の展開

過程	指導内容	学習活動	指導形態	指導上の留意点 小	指導上の留意点 園	教材・教具等	評価（評価の観点）〈評価方法〉
導入10分		グループごとに体育館に集合する。 グループで並び、保育士の支援のもと、秋の歌を歌ったり、絵本の読み聞かせを聞く。	一斉	集合カードを持ち声をかけるなど保育園児が安心できるスタートにさせる。	リラックスできるよう普段歌っている歌や手遊びから活動に誘い掛ける。	集合カード	
展開50分		あきみつけで見つけたもので楽しめる遊びを考えよう。					
	流れを知る	小学校担任による本時の流れを聞き、めあてを知る。	グループ	今までに作った秋のおもちゃを思い出させ、本時は、リーダーになって作る活動になることを知らせる。	理解度に差があれば個別に対応する。	今までのおもちゃ	十分満足できると判断される状況 相手が園児であることを考えて、おもちゃや遊びのルールを工夫して、いっしょに遊んでいる。
	考える	集まったグループで1年生が話し合いのリーダーとなり、保育園児の希望を聞く。		実際に現物を手にとってもらったり、させながらグループでひとつのものを決め	戸惑う子や話し合いに参加しづらそうな子には保育者が仲立ちとなる。	いろいろな材料や道具	

3　取組の成果

学びの芽生えの時期から自覚的な学びへの円滑な移行を目指して、幼児と児童の交流を中心に取り組んできました。

「楽しい、やってみたい」と思う時期の学びから、課題を受け止めた上での学びへとつなげていくためには、遊びの中で芽生えている学びを可視化して伝えていく、見せていくことが重要だと気付きました。また、この実践を通して年中児から1年生までの縦割りの関係ができ、体験的な学習の場を取り入れることができたことは大きな収穫であったと思います。

4　今後に向けて

今後もこれらの取組をさらに充実させ、小学校における教育課程の中に体験的な学びの部分を取り入れてもらうことで「遊びからまなびへ」の連続性を図り、真の連携が生まれてくるように取り組んでいきたいと思います。

就学前の教育と小学校教育とがお互いに理解することにもとづき、今後の実践を積み上げていくことが、保育の質の向上につながるのではないかと考えています。

課題としては、保育園と小学校それぞれに職員の異動があり、交流の積み重ねが難しいということが挙げられます。担当した職員のみでなく、学校内・園内で取組の共通認識を持つことが大切だと思います。

園長からのひとこと

京都府長岡京市　今里こども園
園長
笠置英恵

学校との関係では、とにかく足繁く行き来をしてやりとりすること、そして園長や管理職が積極的に計画立案に参加して交渉することが大事です。

♥14兵庫県神戸市立兵庫くすのき幼稚園

にこにこ心と体元気アップ大作戦！

神戸市では、「神戸つばめプロジェクト」として幼保小が連携し、同じ地域で育つ子どもの姿を共に捉えながら、豊かな心を育むための取組を重ねてきました。

1 取組の背景

当園の子どもたちは、明るく元気で体を動かして遊ぶことが好きですが、ほとんどの子どもが保護者の運転する自転車に乗って登降園しています。基本的な体力が身についておらず、体を止めて話を聞くことや椅子に座る姿勢を保つことができにくく、体幹の弱さや物事にじっくり取り組む力の弱さを感じていました。また小学校では、不器用で体をうまく使えない子どもが多く、学習場面や友達関係でも自信を無くしていきやすいことから、毎日笑顔で登校園し、遊びや学習に意欲的に取り組める子どもたちを育てたいと幼小で共通の目的が生まれました。

2 取組の内容

幼小それぞれの違いや良さを理解し、同じ地域の子どもたちの姿を同じ視点で捉え、育ちを支えていくことが必要です。地域の幼小中の研修会で、取組内容について小学校から発信し、取組の理解と幼小接続につなげていきました。まず授業参観や保育参観を通して、互いの子どもの発達の違いに気づき学びあう機会をもち、子ども同士の交流計画を立てました。具体的には、①リズムジャンプやマット、歌遊びなどを通して体幹づくりを図る。②小学校教師の指導による造形や音楽活動を通して指導の在り方を探る。③特別支援教育の視点から子どもの発達と指導の在り方を学び、小学校への接続を図る。などの取組を進めていきました。

3 取組の成果

教師は互いに一般的な知識しかもっておらず、地域で見かける子どもたちの姿からそれぞれの教育をイメージしていましたが、実際に小学校や幼稚園での取組を参観したり、ともに子どもに関わったりすることで、それぞれが大切にしていることや環境に気づきました。交流の事前事後に話し合いの場をもち、課題と反省を次の計画に生かしていくことで、改めて子どもの成長を軸とした教育のつながりが大切であることを実感しました。

何より、教師同士が気軽に声を掛け合える関係づくりができたことも大きな成果です。特にこの地域は愛着に課題をもつ子どもが多いと思われるので、それぞれの立場で子どもたちの現状や課題を捉え、情報共有しながら同じ視点で成長を支えていけると感じました。

4 今後に向けて

数年続けてきた取組も働き方改革や学習時間の確保などから交流時間の確保が難しくなっています。しかし、「子どもの育ちをつなぐ」ことをポイントに活動内容を精選し、一人ひとりの教師が連携・接続の意識をもって取組を進めていくことが大切だと感じています。

園長からのひとこと

兵庫県神戸市立
兵庫くすのき幼稚園
園長
三木扶美子

同じ地域で育つ子どもたちの笑顔と生き生きとした姿をともに支えていけるよう、相互理解をより一層深めていきたいと思います。

園児と小学生の交流①

小学生の跳び方を見て真似ることで憧れや難しいことにも挑戦しようという意欲が高まっていきます。

園児と小学生の交流②

自分たちでストーリー仕立てをしながら動きを考え合う中で、言葉で伝え合う楽しさを存分に味わっていきます。

園児と小学生の交流③

みんなでわかり合える遊び方やルールを相談し、互いの様子を見ながら遊びを進めていく中で、思いやる気持ちが育っていきます。

園児と小学生の交流④

わかりやすい遊びの中で存分に体を動かすことを通して、心も体も解放感を味わい、親しみや人とふれ合う心地よさを感じていきます。

♥15 岡山県 岡山大学教育学部附属幼稚園

学びがつながる持続可能な取組を目指して

本園は幼小中が隣接する附属学園です。小学校と道路を挟んで北側に位置しており、園児たちは1年生が戸外で遊んでいる様子をフェンス越しに見ながら生活しています。

1 取組の背景

本園と附属小学校が、幼稚園と1年生との接続期の教育としてカリキュラムを構築するために共同研究を始めたのは約20年前のことです。当時小学校では、幼稚園と小学校における学びのなめらかな接続が図れるよう、幼稚園で育ててきた「気づき」を適切に引き継ぎ、よりよく発展させる「かけはし学習」を第1学年に位置づけ、幼小接続の取組を続けてきました。さらに、約5年前には年長児の後半と1年生1学期の姿のつながりを同じ視点で見通した「幼小接続期カリキュラム」を作成しています。

このように、幼小接続への意識は高かったのですが、作成当時の研究からカリキュラムの視点を引き継いでいたため、新たに赴任してきた教員にとってわかりづらかったこと、また、幼小ともに教員が入れ替わることで、活動だけが引き継がれていく状況が見られるようになりました。そこで、活動の時期や内容について、また、子どもの学びを共有するための教員同士の連携の仕方についても改めて見直し、幼児期の学びが小学校へつながる持続可能な方法を探っていきたいと考えました。

2 取組の内容

進学・進級して間もない1学期から一緒に遊んだり活動したりしていた今までの年間計画を見直し、年長児、1年生それぞれの子どもの「一緒に〇〇したい」という願いが高まるよう、1学期は互いの存在が感じられる機会をつくることを考えました。今年度は「あきのおもちゃまつりを計画して幼稚園児を招待したい」という1年生の願いが高まった12月に共同活動を計画しました。実施にあたっては活動内容の確認だけでなく、1年生の願いを年長担任も共有するために、事前に生活科の授業を参観したり、打ち合せの際に1年生がつくったおもちゃを見せてもらったりしました。また、園からは秋の自然物を使った遊びの写真を見てもらいました。このことから、園では自然物に関心をもって関わり取り入れて遊ぶことをねらいとしており、1年生では、自然物や材料の特徴を生かして自分なりに考えてつくることをねらいとしていることがわかりました。そこで、幼小それぞれの担任の願いやそのための援助について共通理解し、具体的な子どもの学びを共有するために、共同の指導案を作成しました。そして互いの「一緒に〇〇したい」という願いが思いやりや憧れの気持ちに高まり、ともに遊びをつくっていけるよう援助しました。事前にそれぞれのねらいを理解していたことで、1年生のつくったものの面白さが年長児に伝わるよう声を掛けることもできました。

3 取組の成果

小学校教員と共に幼小の子どもへの願いを共有し育てていくためには、幼小の子どもの「一緒に〇〇したい」という気持ちが互いに高まるよう、教員同士が連携し進めていくことが有効だとわかりました。その中で、活動のねらいの共通点と相違点を捉えておくことが、学びがつながるために大切であるとわかりました。

4 今後に向けて

取組の成果を踏まえ、幼児期の終わりまでに育ってほしい姿をキーワードにした小学校教員とのカンファレンスを継続していきたいと思います。そして、今後も一つ一つの活動に対して教員同士が願いをもち、相互理解を図りながら関わっていくことが、学びがつながる持続可能な取組につながると考えています。

「あきのおもちゃまつり」での交流①

1年生がつくったおもちゃで遊ばせてもらう中で、1年生にやさしく関わってもらうことで、親しみの気持ちを育んでいます。

「あきのおもちゃまつり」での交流②

1年生への親しみの気持ちが育まれ、園に戻ってからも「自分たちで同じようなおもちゃをつくってみたい」という願いをもち、試してみる中で、1年生への憧れの気持ちが育まれています。

園長からのひとこと

岡山県 岡山大学教育学部附属幼稚園
園長
井山房子

教員同士の相互参観・参加活動がもう少しできると、幼児期の終わりまでに育ってほしい姿を踏まえた願いが見えやすくなるのではないでしょうか。

♥16 山口県下関市立小月幼稚園

カリキュラムでつながる幼小連携

当園のある地区では、校区内の幼稚園2園、小学校3校、中学校1校が定期的に園長・校長連絡協議会を実施し、子どもの健全な育ちと自発的な学びを支えています。

1 取組の背景

本園のある地区では、子どもたちがより良く育っていくために、地域社会と家庭、学校の三者が連携しています。特に、隣接する小学校とは、計画的な交流活動を通して、幼児が安心して進学できるような経験をすることができ、成果を上げていました。しかし、コロナ禍にあって、直接子ども同士が関わる活動が制限され、結果的には年度当初に作成した計画を1年間通して実施することはできませんでした。この状況の中で、直接的な交流の他に幼小連携でできることは何か考えることから今年度は始まりました。

2 取組の内容

本園の中学校区では、4月から2月までの月1回、年間計11回、校区内にある公立幼稚園(2園)、小学校(3校)、中学校(1校)の園・校長と市教委の指導主事が集まり、園長・校長連絡協議会を実施します。幸いなことにコロナ禍にあっても、全回実施することができました。会場を順番に交代し、各園・校の初回は園校舎内をめぐり、子どもたちの授業・生活の様子を見て、各園・学校経営についての話を聞き、その後協議します。

今年度は新型コロナ感染症対策に関する内容が多く、共通理解して各園・校が取り組むことができました。また、教育に関しては「小・中学校地域連携カリキュラム」の作成・検討がなされました。当初幼稚園は、小学校1年生に準じていたのですが、内容的に無理があると考え、園内研修で小学校1年生に向かう幼児期のカリキュラムを作成しました。その結果、12年間の子どもの育ちを見据えた、幼・小・中連携カリキュラムとなりました。連携カリキュラムは、共通取組事項として、「時間厳守」「学校環境美化」「あいさつ・言葉遣い・公共マナー・望ましい生活習慣」「家庭学習（自主学習）・キャリア教育」「家庭・地域との連携」をあげ、育ちと学びがつながるよう作成しました。

3 取組の成果

日々保育に追われる中で、目先のことだけに目が行きがちですが、小学校への接続期を経て、最終的に中学校卒業までの子どもの姿を具体的に想像するようになりました。そして、自分たちが育てている子どもたちの今をどう捉えるのかと考えるようになりました。園内研修では、

環境美化①

掃除をすることによって、きれいになった心地よさを感じ、自分の身の周りは自分で整えるという態度を育てます。

環境美化②

正しい掃除道具の使い方を知り、適切に使って掃除をすることで、小学校以降の学校環境美化の意識につなげます。

望ましい生活習慣・公共マナー

家庭とも連携して、大人がモデルとなり、交通のきまり等望ましい態度を身につけます。

主体的な活動への取組

自分なりに目標をもって取り組み、諦めずにやり遂げることで達成感を味わい、自信がもてるようになります。

活発に意見交換がなされました。

4　今後に向けて

園・校長が中心となって作成した連携カリキュラムを実践していきます。各園・校の職員で共通理解して指導にあたり、その上で連携カリキュラムの再考、異校種の理解が必要になると思います。園・校長だけでなく、各園・校職員が参加しての研修の機会をもつことができるようになれば、さらに連携は進むと思っています。

園長からのひとこと

山口県下関市立
小月幼稚園
園長
髙谷靖枝

子ども同士の交流活動において、それぞれのねらいを達成するためにも、連携プログラムを活用して、それぞれの育ちの理解に努めたいと思います。

♥17 徳島県石井町　浦庄幼稚園

学びの架け橋プロジェクト

~つながり合って~

徳島県石井町の高浦中学校区では、「『聴く・話す・学び合う』力の育成を目指した幼・小・中の連携」をテーマに、子どもたちの育ちと学びの保障に取り組んでいます。

1 取組の背景

幼稚園教育要領改訂のポイントの一つである「幼稚園教育と小学校教育との円滑な接続」のためには、小学校教職員との意見交換、幼児・児童との交流など小学校との連携・交流を図ることがより必要となっています。本園を含む高浦中学校区では平成30年度から県の「学びのかけ橋プロジェクト」研究指定を受け、学びの連続性を重視した幼小中の連携に取り組んでいます。

2 取組の内容

幼稚園では、園児が小学校入学までにどんな力をどこまで身につけたらいいのか、幼稚園での生活が小学校にどのようにつながっていくのかなどの悩みがありました。そこで、①入学までに園児が小学校を数回訪問し、職員室にいる教職員にあいさつをしたり1年生の教室で授業を見たりして小学校に慣れるようにする、②幼小の職員が定期的にミーティングする時間を設ける、③幼小中の職員同士が互いに授業参観できるよう計画し指導方法について話し合う、④小学校との年間交流計画をたて、各学年の児童や教職員と園児がふれ合う活動を行う、などに取り組むことにしました。

3 取組の成果

①小学校を訪問することで、入学を楽しみに待つ園児の姿が見られるようになってきており、小学校に対する不安や抵抗感が軽減されていると考えられます。②幼小の教職員が連携することは、園児のみならず保護者にとっても大きな安心となっています。③小学校からは「幼稚園での生活を観察することで、発達段階や園児への対応等がよくわかる」「自分たちで給食の配膳を行ったりエプロンをたたんだり、園児にできることはたくさんある」「幼稚園で育った力を小学校に入学してから効果的に積み上げていくことにつながっている」などの意見が得られました。④校種を超えた交流により、教職員同士の心の距離が近づきました。結果として、幼児の「戸惑い」が減って「安心」が増え、さまざまな交流の中で豊かな心が育まれてきたと感じています。

4 今後に向けて

取組を通じて、校種間の教育内容や指導の仕方の相違点・共通点を理解し合っていくことの大切さを感じています。幼小の職員間で子どものよりよい成長のための情報交換を行う雰囲気ができており、今後はこの関係をさらに深めるとともに、「幼児期の終わりまでに育ってほしい姿」を手がかりに、子どもの発達を長期的な視点で捉え、どのようにつなげていくかをさらに共通理解する必要があります。また、「聴く・話す・学び合う」力の育成方法についての検証を行い、子どもの育ちや学びのつながりを生かした実践となるよう努力していきたいです。

園長からのひとこと

元 徳島県石井町
浦庄幼稚園
園長
盛 洋子

子ども同士の交流活動において、それぞれのねらいを達成するためにも、連携プログラムを活用して、それぞれの育ちの理解に努めたいと思います。

幼稚園職員・1年生担任交流

定期的に情報交換を行うことで、子どもへの理解が深まり、子どもを支える取組につながっています。

園児・小学生で作ったひまわり迷路

種植えや水やりも一緒にしたり、できた迷路で鬼ごっこをしたり、交流を通して、相手の立場を考えて行動する機会が増えました。

交流学習

小学生との触れ合いの中で、話し合う面白さや楽しさを体験し、子ども同士の関わりも深まりました。

降園時の活動

楽しかった交流活動の経験を教師や友だちに話しています。聞いている友だちも嬉しそうな表情が見えます。

♥18 徳島県鳴門市　明神幼稚園

一人ひとりの発達や学びをつなげる

～幼小中一貫教育の中で～

鳴門市瀬戸中学校区では、幼小中一貫教育を通して、校種の壁を超え、一人ひとりの子どもの発達や学びの様子をつなげ育てていきたいと願い実践しています。

1　取組の背景

近年、本園を含む鳴門市瀬戸中学校区では、子どもが減少していることに加え、中学校進学の際により大きい中学校での教育を望んで転出する子どもが少なくない状況となっていました。そこで、保護者も子どもも瀬戸中学校区の学校で学ばせたい・学びたいと感じることのできるような、より魅力ある学校づくりを進めることが課題となり、平成27年度より幼小中一貫教育が始まりました。その中で、すべての子どもの確かな学力・豊かな心・健やかな身体を育むことを目的とした取組が進められています。

2　取組の内容

平成29年10月、幼小中11年間を通し、学習面・生活面両面から継続的に指導を重ねることで子どもの「学び」の連続性を保障し、より教育効果を高めるため「学びのプラン」が策定されました。本園では、学びのプランに沿った教育活動を進める中で、幼児理解を深めるとともに保育の改善につなげたいと取り組んでいるところです。また、各校種間の交流活動とともに行っている幼小中合同交流会は、幼稚園・小学校・中学校の子どもたち・教職員が一堂に会する貴重な交流の機会であり、本園区の大きな特色となっています。

3　取組の成果

取組を計画・実践する上で、小中への情報発信を心がけており、一定の成果を上げることができました。たとえば、幼稚園での生活や教育の実態を小中の先生方にも見ていただけるよう、園内研修の折に参加を呼び掛けています。参加してくださった先生方から、「遊びの中で子どもたちはさまざまな経験をしていることがわかった」「幼児期の子どもたちは、自分が想像していた以上のことができることに驚いた」「靴箱などの物的環境が、子どもたちの遊びや動きに応じて自在に動きその役割も変わっていくことに驚いた」などの感想をいただきました。さらには、それぞれの校種における特色や課題について話し合う機会がもてたことはとてもありがたかったです。

4　今後に向けて

現在、瀬戸中学校区では、「すくすく瀬戸っ子成長の記録」という取組を実施しています。これは、子どもたちの成長の様子

大きいプールで遊ぼう

6年生との交流の様子です。子どもたちの大好きなプール遊びを通して、6年生を身近に感じることができるとともに、より憧れを抱くようになります。

小学校の休み時間での交流

小学校の休み時間には、あちこちで子どもの笑顔が見られます。日常的な温かい関わりが大きな推進力となり、カリキュラム上の交流活動もより効果的になります。

幼小中合同交流会の様子

一緒に歌ったり踊ったりと、楽しいひとときになりました。周りのお兄さんやお姉さんと触れ合うことで安心感や憧れ，親しみの気持ちが高まります。

職員合同研修会の様子

取組の成果や課題を出し合ったり各交流活動についての計画を話し合ったりすることにより、それぞれの校種における教育課程や教育方法の違いに改めて気づき合うことも多く、互いの理解につながっています。

を記録し、校種間で引き継ぐことで、一人ひとりの子どもの学びや発達の可能性を幼小中11年間を通して途切れなくつなげるための取組です。校種を超えて職員が語り合いつながり合う中でこそ、一人ひとりの子どもの育ちにつながるのだと実感しています。

園長からのひとこと

元 徳島県鳴門市明神幼稚園園長
藤川しのぶ
（現 鳴門市第一幼稚園）

幼小中一貫教育に取り組んでみて、改めて、「学校教育のはじまり」としての幼稚園の役割や、幼児期の子どもたちと関わることのできる喜びや責任を感じています。

♥19香川県丸亀市立郡家こども園

一人ひとりの成長（育ちや学び）をつなぐために

本園では、令和元年度に研究指定を受けたことをきっかけに交流活動や合同研修を実施し、試行錯誤を繰り返して取組の改善を図っていきました。

1 取組の背景

本園と郡家小学校は道を挟んですぐ近くにありながら、園児、児童、教職員の交流がほとんどなく「近くて遠い存在」でした。以前、研究に取り組んだものの、取組は途切れており、園は子どもの育ちや学びがどのようにつながっているのかわからず、小学校はスタートカリキュラムの必要性を感じていないという状態でした。園児180名、児童800名の大規模校園ということもあり、つながる意識も低かったように思います。

こうした現状を見直すきっかけとなったのは、令和元年度より2年間「丸亀市幼児教育・小学校教育連絡研究協議会」の研究指定を受けたことです。これより、園と小学校との互恵性のある取組を考えていくことにしました。

2 取組の内容

一人ひとりの成長（育ちや学び）をつなぐことを目指し、交流活動や合同研修を通して相互理解を図りました。交流活動では、はじめは3歳児から6年生までペア学年を決め全学年で実施しました。しかし、交流の目的やねらいが不明瞭である、活動内容が子どもの姿と合っていない、事前・事後の話し合いが十分に行われていない、交流時間の確保が難しいなどの課題が出てきました。

そこで、取組の成果と課題をその都度検証し次に生かしていくうちに、①交流は5歳児と1・2・5年生で行う、②互いの教育課程・年間計画を共有し計画する、③子どもたちの育ちや学びにつながる活動内容にする、という形が定まっていきました。そのことで、子どもたちにとってより意味のある、互恵性をもった交流活動にすることができました。

合同研修では外部講師を招き、互いの教育の観点から助言を受けながら進めました。スタートカリキュラムについての研修では、5歳児後半の園児の育ちや

教職員合同研修「互いの教育を知ろう！」

遊びの中の学びを見取ったり、小学校教育について知ったり、互いの育ちを伝え合ったりしました。

入学当初に小学校が大切にしたいことを伝え合い、子どもの有能さをどのように引き継いでいくかを共有することができました。

3 取組の成果

小学校を身近な環境の一つとして位置づけ、「小学校に気軽に行けること」を実現できたことが一番の成果です。教職員が大なり小なり「取り組んでよかった」と感じ「できることを続けていこう」という意識をもつようになりました。

現在は感染拡大防止のため交流活動ができにくい状況ですが、校庭で遊んだり校内をめぐったりするときに、小学校の先生や児童が園児に声を掛けてくれるようになりました。

4 今後に向けて

これからの課題は、取組を継続していくことです。園と小学校の管理職を中心に無理なく取り組んでいきたいと思います。市教委とも連携を取り、幼小接続の意識をもった体制づくりの構築も必要だと感じます。

生活科「つくろう 遊ぼう くふうしよう」

就学への期待感を高めたり、小学生とやり取りし新たな知識を得て自分達の遊びを豊かにしたりすることをねらいとする交流として、2年生がつくったおもちゃで一緒に遊びました。

園より大きな雲梯に挑戦！

「もっと挑戦したい」と思う時期に小学校へ出かけたことで、更なる意欲や自信が育まれました。小学校を保育環境として取り入れることで育ちや学びの場が広がります。

「何を見つけたの？　みんな見せて」

小学校へ行くと校長先生が園児に声をかけてくれます。園児が小学校教員に親しみを感じ、小学校への親近感や入学後の安心感をもつことにつながります。

園長からのひとこと

香川県丸亀市立
郡家こども園
園長
大田美絵

小学校の先生方と顔見知りになり、気軽に話ができるようになりました。小学校教育との円滑な接続には、教職員同士の関係性が大事であると実感しています。

♥20高知県安芸郡田野町立田野幼稚園

幼児の主体性を生かした一日体験入学

田野町では以前から幼少連携の取組が行われてきましたが、県の指定を受けて取組をさらに充実させることになり、「体験入学」など活動の改善を図りました。

1 取組の背景

田野町には保育所、幼稚園、小学校、中学校が１つずつあり、以前から幼小の連携を目指した取組が行われてきました。その中で、田野町教育委員会が平成31年度に２年間の高知県教育委員会指定「保幼小連携・接続推進支援事業」を受けることになり、これまでの取組をさらに充実したものにしていくことにしました。５歳児クラスの一日体験入学は、毎年２月に行われてきたものですが、幼児の主体性を生かす場面が少ないという前年度の反省から、内容を見直すことにしました。

2 取組の内容

体験入学では、これまで１年生が１年間の学校生活の様子を紹介したり、校内を案内したりしていました。今回もその基本的な部分は引き継ぎながら、幼児が入学してきたときに６年生となる５年生も関わる場面をつくることにしました。また、事前に各担任が集まって交流活動計画書を作成し、幼児、１年生、５年生それぞれのねらいを設定し、活動の流れや幼児、児童への担任の支援等についても決めておきました。

体験入学１時間目の「１年生の１年間紹介」では、電子黒板に写真を写しながら主な活動について１年生が説明し、学校生活に関するクイズを出していきました。その後の「線なぞり」では、鉛筆を持ち一生懸命取り組む幼児に、１年生が「上手、上手」と声を掛けながら見守り、できあがったプリントに赤鉛筆で丁寧に花丸を入れてあげました。２時間目の「学校探検」では、幼児と１年生がペアを作り、幼児が行きたい特別教室等に向かいました。そこでは５年生が待っていて、楽器の演奏体験や簡単な理科実験など、幼児の興味を引くような体験を工夫し、説明をしました。シールラリー形式にしていて、行った場所では幼児が好きなシールをカードに貼ってもらいました。

3 取組の成果

体験入学を通して、幼児は小学校の様子や生活を知り、入学に向けて期待をもつことができました。また、小学生に親しみや憧れをもち、小学校と幼稚園との違いに気づくこともできました。１年生は、幼児に優しく接する中で２年生になる自覚をもち、５年生は最上級生になる自覚を高めることができました。

園児と1年生の交流①

「線なぞり」の様子。鉛筆で一生懸命、線をなぞります。1年生が使う教室、机で取り組むことで、入学に向けての期待を高めます。

幼児が入学して1年生になると、4月の生活科の学習で改めて学校探検をすることになりますが、体験入学の際にはすべての特別教室等を見学するわけではないので、「まだ行っていない場所のことをよく知りたい」という学習意欲にもつながるのではないかと思います。

4 今後に向けて

頑張って幼児を迎えた小学生を評価してあげる時間の設定や、線なぞり等個人差の大きかった活動のやり方の改善が課題としてあげられます。それぞれのねらいを達成し、よりよい活動になるよう事前の担任同士の打合せの充実が必要だと感じています。

園児と1年生の交流②

できたプリントに1年生が丁寧に花丸を付けます。年長児の集中力を高め、達成感をもたせます。

園児と5年生の交流①

5年生が工夫して、特別教室についての説明をします。年長児に優しく接することで、最上級生になるという自覚を育みます。

園児と5年生の交流②

行った場所では、5年生がシールを貼ってくれます。年長児の次の場所を目指す意欲につなげます。

園長からのひとこと

幼児が小学校入学に向けて安心感をもてるだけでなく、幼児の主体性を生かした活動や入学後の学習ともつながる活動にするといいですね。

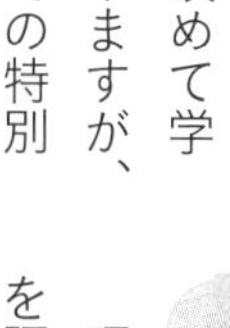

元 高知県安芸郡田野町立田野幼稚園 園長
幾井良仁

♥21高知県高知市　江ノ口保育園

地域と人とつながる保育園（多機能型保育）

戦前より続く当園では、多機能型保育の取組を行っています。地域や人とつながり、専門性を生かした関係を広く構築することで、次世代の人を育てる場所としての保育所の役割を継承しています。

1 取組の背景

当園は、戦前より旧居の広い屋敷で、出征家庭の子どもたちを預かる所として始まりました。戦中・戦後と子どもを取り巻く状況は変化し続け、保育の必要性がにわかに高まっていきましたが、そんな折に「子どもの居場所は最良の場所にしたい」という区民の要望から市に陳情が寄せられ、ＰＴＡ会を中心とする資金準備・内容整備の努力が続けられました。その結果、昭和27年には定員30名に対し入所希望者が２２０名を超えました。現在では、時代の要請もあり、定員は１５０名まで拡大しています。

そのようななか、県により、保育園が地域の拠点として、安全・安心な子育てのできる交流の場所となるよう、多機能型保育の取組をスタートしました。

2 取組の内容

多機能型保育の取組の一環として、園庭開放や子育て相談があります。「入園していないと入りづらい、敷居が高い」との声を受け、当園として「是非に」と賛同し、取組を始めることになりました。

まずは、地域の総会で説明を行い、協働して各家庭（地域の未就園児・単身で子どもを育てている家庭・これから子育てに参加しようとしている人たち）へのアプローチを始めました。民生委員・コーディネーターと協議を重ね、各家庭に訪問できるように連携し、家庭へ出かけていき育児の様子を見せてもらったり、不安に思うことを聞かせてもらったりしました。

現在は、園で行っている日常的な事柄をより身近に感じてもらえるように、コーディネーターを通じ地域のミニコミ紙に通信を依頼し広報活動してもらうなど活動を広げています（図を参照）。

3 取組の成果

こうした取組により、年間を通し沢山の家庭から「見学したい・遊びに行きたい」と連絡が入るようになりました。来園した子どもが同年齢のクラスに入って遊ぶのを見て、親は我が子以外の子どもの様子や園のことを知って安心感を得るようになり、その中からリピーターや入園する家庭が見られるようになっています。

春には、園のプールに近隣の園を招待して、プール内で誕生したおたまじゃくしすくいをするなど、他園との交流の機会も増えています。秋には、未就園児の家庭に声をかけ、近くの商店街にハロウィンの仮装をしてお菓子を貰いに行ったり、敬老会に招かれて交流するなどしています。人や地域とつながり、ともに豊かな体験と時間を過ごすことで、「顔の見える関係」ができると感じています。

4 今後に向けて

豊かな時代なのに、子どもの窮困に関するニュースを見ない日はありません。私たちは、将来大人になる子どもたちが、人と人がつながり、その地域でたくさんの出会いと体験を通して育つ心地よさを当たり前に感じられるような組織をつなぐことができるよう取り組んでいます。

この取組がさまざまな形で伝播することで、保育所が地域ぐるみのつながりの拠点として機能し、子どもたちがすくすくと伸びやかに育つために連携していきたいと考えています。さらには小学校も巻き込みながら、地域と一体となった取組に発展させていきたいと考えています。

多機能型保育のイメージ

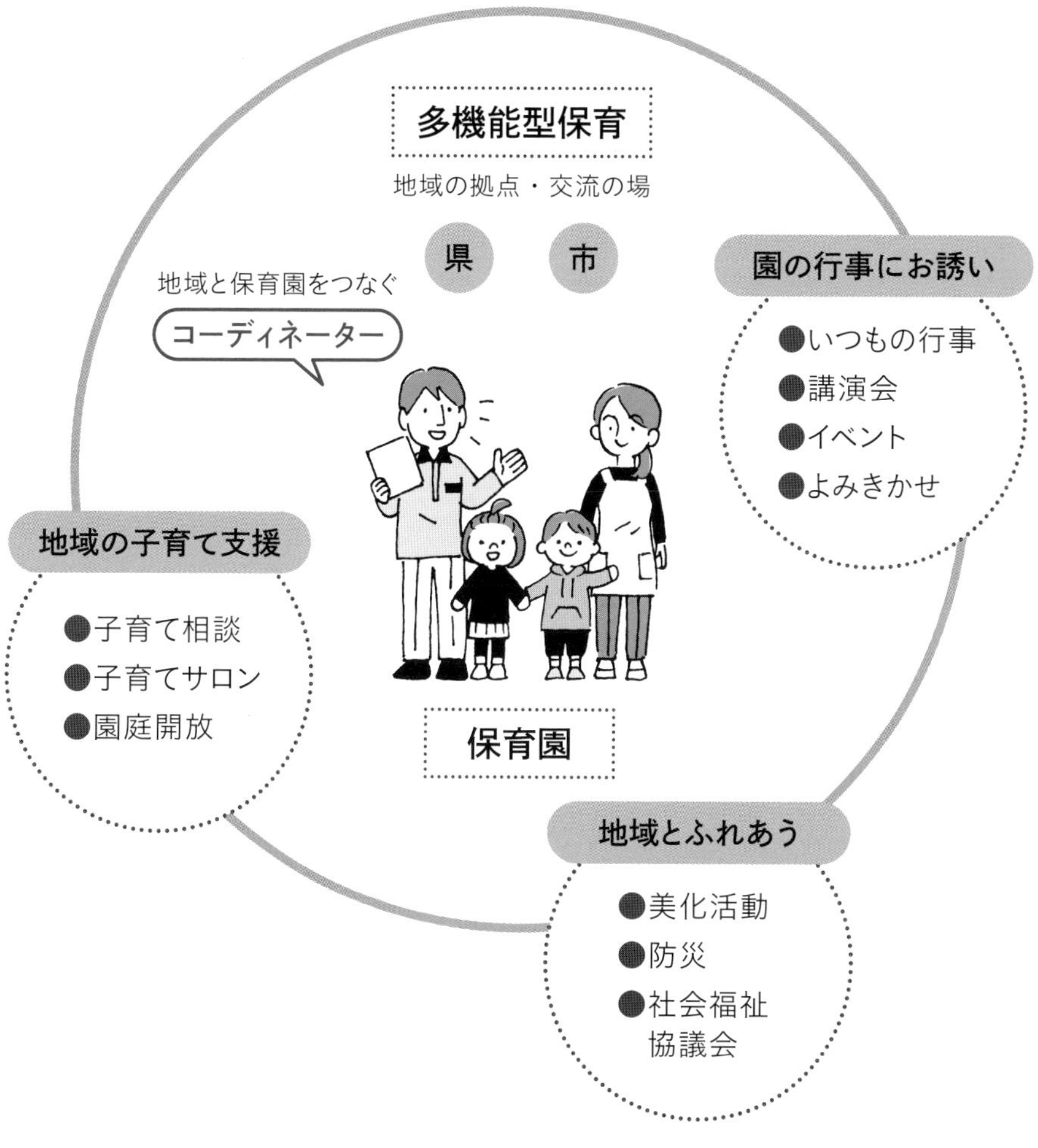

園長からのひとこと

高知県高知市　江ノ口保育園
園長　刈谷　緑

地域との連携には、園の規模や形は関係なくて、どこの園でも行っている事柄を通して、ともにアクションしてみませんか？

♥22 福岡県福津市立神興幼稚園

教育環境を生かした接続・連携を園経営に！

福津市ではコミュニティスクールを基盤に幼児期、小・中学校の円滑な接続を推進しており、本園は市内唯一の公立幼稚園として連携事業に取り組んでいます。

1 取組の背景

平成31年度から、福津市では「福津市内保育所・幼稚園・認定こども園・小学校の連携・協力体制を確立することを通して幼児教育と小学校教育の円滑な接続と質の向上を図る」ことを目的として、保幼小接続推進協議会（以下、協議会）を設置し、市全体の教育・保育の質の向上を図っています。協議会には行政に加えて市内23の教育機関（小学校7・公立幼稚園1・私立幼稚園6・公立保育所1・私立保育園8）が参画しており本園は市内唯一の公立幼稚園として協議会の中心となり、保幼小接続・連携の実践に取り組んでいます。

2 取組の内容

協議会は、園長・校長連絡会と実働組織の3部会で構成されています。中でも幼児教育と小学校教育の接続に関することは、実働組織に含まれる主任・主幹教諭部会が市基底接続カリキュラムを策定し、それを基に各教育機関でのスタート・アプローチカリキュラムの作成・実践を進めています。

このような中、本園は他機関に先駆けて隣接している神興小学校と接続カリキュラムの作成・実践・検証を行い、市全体の保幼小接続の基盤づくりに努めています。また、隣接の立地条件を生かし、学校行事・授業・給食等での体験・交流活動、運動場やプール等の施設を利用した教育活動、教諭間の情報交換や授業交流等、さまざまな接続・連携事業に取り組み、小学校との円滑な接続のための連携体制を構築しています。

3 取組の成果

教育環境を生かした接続カリキュラムの推進は、本園にとって、子どもたちの教育活動を豊かにするとともに、連携・接続を視点にした教育活動が組織的・計画的・継続的に拡充され、幼小連携が園の大きな特色となっています。また、協議会においても、保幼小接続・連携のモデル的役割を果たしています。

4 今後に向けて

今後は、協議会を本園の取組の評価・改善の場として捉え、合同研修会でのリーダーシップ、公開保育の拡充に努め、市全体における基幹園として、接続期の教育の充実・小1プロブレムの対応力の向上に努めていきます。また、小学校との接続・連携事業においては、園内研修や特別支援教育等新しい分野でも取り組んでいきます。

令和元年度合同研修会の様子①

令和元年度合同研修会の様子②

合同研修会では、保育所・幼稚園・認定こども園の年長児担任と小学校1学年担任を参加対象者としています。講話を通して幼児期の教育と小学校教育の違いを理解し、ワークショップを通して接続期の子どもの成長の姿や課題を情報共有する機会となっています。

福津市保幼小接続推進協議会組織図

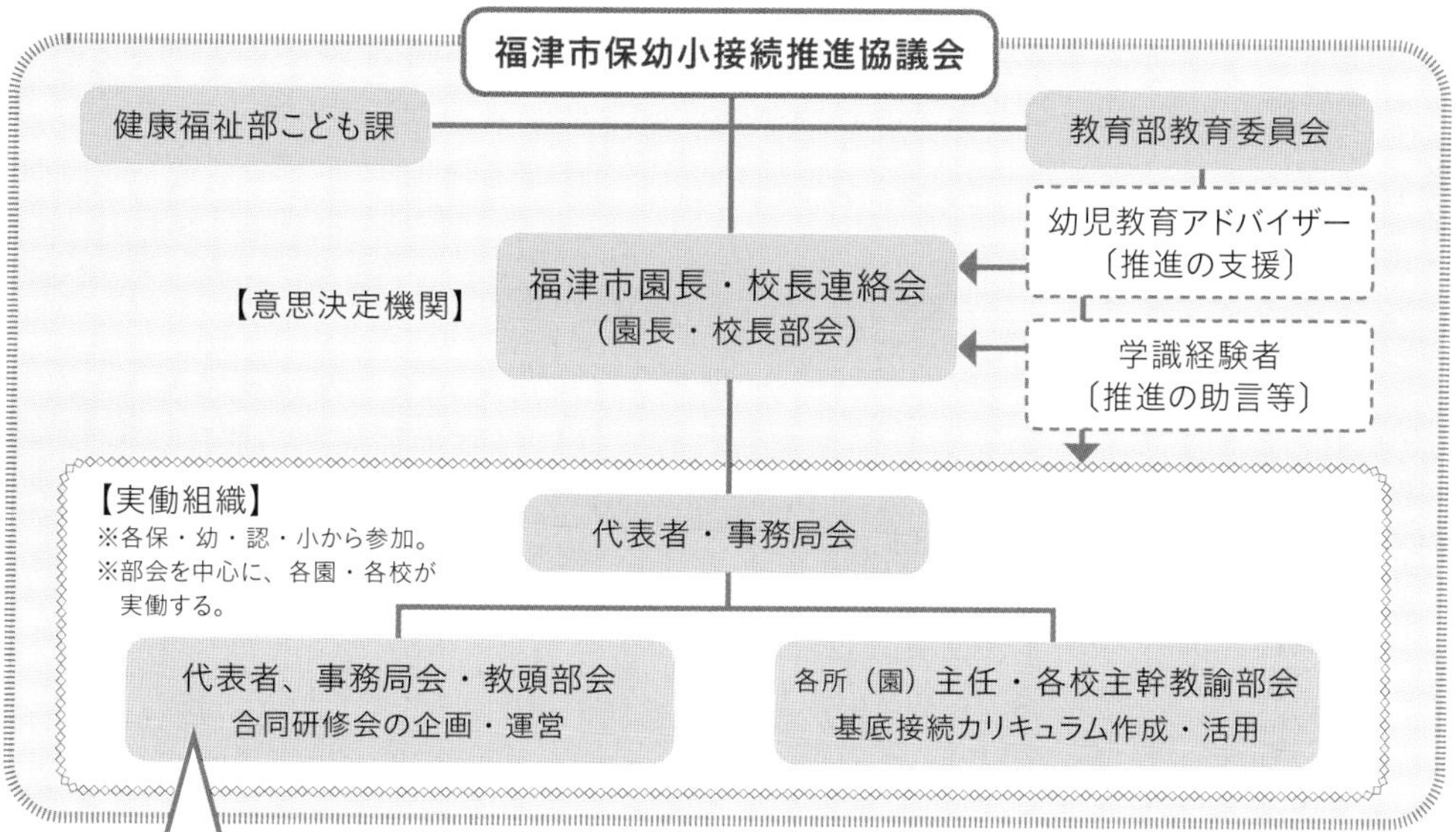

○合同研修会の企画・運営の具体的内容
・日程調整
・講師の選定及び依頼
・会場予約、備品準備（パソコン、プロジェクター等）
・事前打ち合わせ（役割分担等）
・研修資料印刷
・当日の運営（会場設営、進行、受付、検温、片付け等）
・アンケート集計・集約

園長からのひとこと

公立幼稚園の経営は厳しいですが、逆に「公立だから」を生かし、園の「ひと・こと・もの」を開き、さまざまな機関との連携を進めています。連携から信頼へ、園の存続に向けて！

元 福岡県福津市立 神興幼稚園 園長
田中一郎

♥23 福岡県福岡市 さいとみんなの家

「つぶやき」からはじまる興味や遊びの展開

海の近くにある保育園で、子どもたちはよく海岸へ遊びに行き、海辺の生き物が園に遊びに来たりもします。そんな環境のおかげか、子どもたちは海の生物への関心がとても高いです。

1 取組の背景

さいとみんなの家が開園して間もないある日、一匹のカニがチョコンと2歳児の部屋に現れました。カニを見つけた子どもたちは興味津々。

子どもの「つぶやき」が聞こえます。「飼ってみたいな～」

その「つぶやき」に担任はこう問いかけます。「どうやったら飼えると思う?」

子どもたちがこたえます。「図鑑で調べたらいいんじゃないの?」

こんなやり取りから、子どもたちの海の生き物への興味は広がっていきました。

2 取組の内容

早速、子どもたちは魚図鑑を買ってきて、カニの飼い方を調べ、クラスで飼うことになりました。この経験を通して子どもたちは、「調べる」ということを知りました。そこから子どもたちの興味は、さらに広がりを見せます。図鑑に載っている魚を「釣ってみたい!」と。

釣りの経験がほどんどない職員たちは、どうやったら子どもたちと一緒に釣りをすることができるか、子どもたちと一緒に考えました。出した答えは「お父さんたちも巻き込んじゃおう!」でした。そこで、釣り経験豊富なお父さんにご協力いただき、一緒に同行してもらうことで、お父さんにレクチャーを受け、子どもも職員も一緒に釣りを楽しむことができました。ここで子どもたちは、自分の意見を伝えたり、相手の話を聞いたりという「対話」の大切さについて学びました。

3 取組の成果

開園から3年が経った今も、子どもたちの海の生物への興味は継続して広がっています。特定の子どもたちの興味がクラス全体、更には他のクラスにも広がりを見せました。職員含め園児たちが体験を共有することで、協同性が生まれたようです。こ

なんていう魚かな?

図鑑を通して、1匹の「カニ」への興味から「魚」という大きなカテゴリーへ興味が広がっていきました。

れらの経験から、対話を通して伝え合い、考え合ってやってみることが楽しいと感じた子どもたちは、運動会の競技内容も話し合って考え、「釣る」「料理する」をテーマにし、楽しむこともできました。

また、リュウグウノツカイの絵を画用紙に描いた女児に職員が「本物は3mぐらいの大きさらしいよ」と話したところ、模造紙とメジャーを使って実寸大で描きました。数量・図形、文字等への関心・感覚です。

子どもの「飼ってみたいな〜」という何気ない「つぶやき」を職員が丁寧に汲み取ることで、子どもたちの「遊び」は大きな広がりを見せました。その結果、子ども一人ひとりが内的動機付けを持ってさまざまに試行や発想しながら楽しみ子ども自身の大きな成長と自信につながったと感じています。

4　今後に向けて

子どもたちのさまざまな気づきや表現を丁寧に受け止め、子どもも職員も一緒になってプロセスを楽しんでいきたいと考えます。子どもたちの興味が「より広がる」環境や体験、また対話や調べる活動などで子どもの気づきや学びが「より深まる」取組を、更に工夫していきたいと思います。

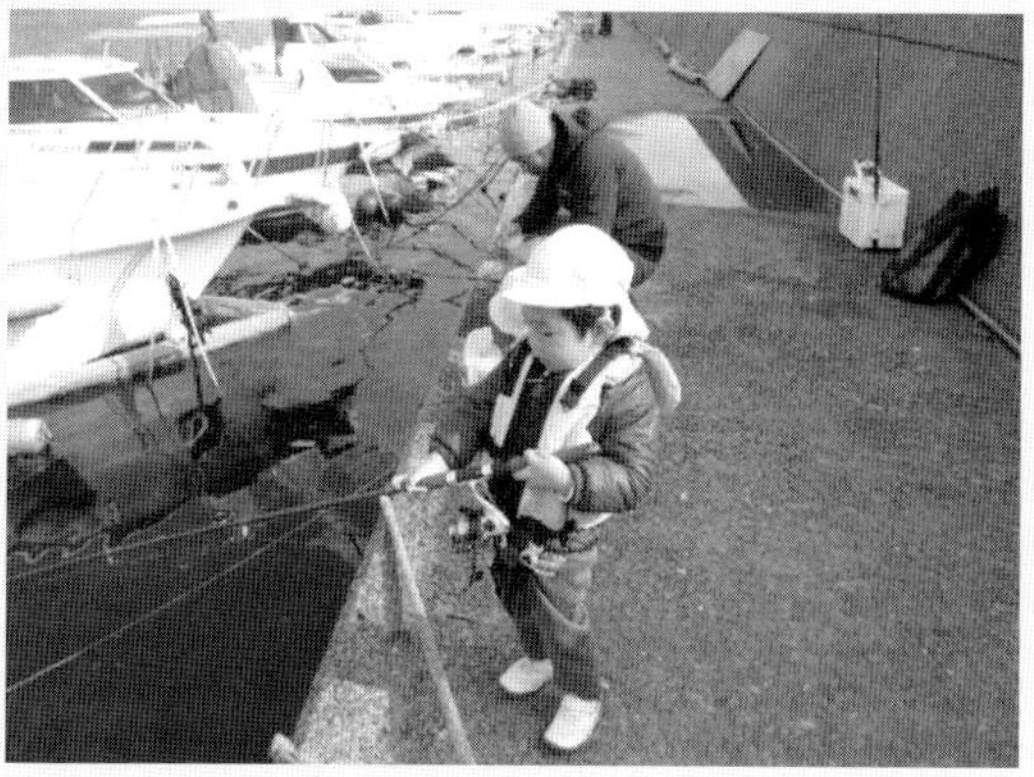

釣りにチャレンジ

大人や先輩から学んだり真似たりすることで、自分でやってみたいという気持ちを育みます。

調理してみよう

子どもたちは、普段の遊びの中から興味のあることや、やってみたいことを元に行事の内容を考えます。

描いてみよう

子どもの遊びや学びの選択肢が広がるような対話や声掛けを大人は子どもと行います。

園長からのひとこと

子どもたちの「知りたい」「やってみたい」を「どうやったら実現できるか」大人も一緒になって考え、楽しみ面白がって関わることが大切だと考えます。

元 福岡県福岡市
さいとみんなの家
園長
石井　誠

♥24 福岡県北九州市　認定こども園あけぼの愛育保育園

お兄ちゃん、すごい！つくって遊ぶ楽しさを実感

当園には、8校以上の校区から子どもたちが在園しています。学校により対応はさまざまですが、就学前連絡会・学習参観・保育士体験など連携の働きかけを続けています。

1 取組の背景

北九州市では、就学前教育の充実を図るとともに、小学校への円滑な接続を図るため、【幼児教育の推進体制構築事業】に取り組んでいます。その中で、全ての保育園・幼稚園・小学校に「連携担当者」をおき、連携担当者合同研修会や交流会が年に一度 開催されています。また、小学校の先生方に保育士体験をしていただき、保育園・子どもの発達理解を深め、情報共有を図っています。しかし交流活動となると、時間調整の難しさなどから、思うように実施出来ないのが現実でした。

2 取組の内容

そんなもどかしさを連携担当者交流会で話し合っていた際、校区の小学校の担当者から、「2学年の生活科単元『おもちゃランド』に園児を招待したい」と提案をいただきました。【身近にある物を使って動くおもちゃを作り、おもちゃの動きの面白さや不思議さに気づき、工夫して作る】というねらいで実施される「おもちゃランド」。喜んで参加すると、普段は年下の子どもの世話をしたがる年長児が小学生に甘える様子に、私たちも発見がありましたし、学校からも「普段の表情と全然違った」と驚きの反応がありました。また、はじめて訪れる小学校で、目・耳にするものすべてが新鮮に映ったようでした。

3 取組の成果

園児たちはペーパー芯等で作られたおもちゃに興味津々で、小学生も一生懸命に説明や手伝いをしてくれます。最後に、園児・小学生それぞれが嬉しかったことや楽しかったことを発表し合いました。その次の日から、年長児は「魚釣り、こんなのやったね」「ロケットもつくろう」と、話し合いながらおもちゃづくりに夢中でした。さらに「皆に遊びに来てほしい」と、「にじ組ランド」を開催し、小学生にしてもらったように、誇らしげに遊び方を教え、満足そうな笑顔で溢れていました。小学校・保育園ともに、作って遊ぶ楽しさ・工夫するおもしろさを味わい、新たな人間関係の中での気づきも多い貴重な機会となりました。その後も、小学校との「おもちゃランド交流」は継続しています。

4 今後に向けて

交流活動は、人間関係の広が

交流の様子①

お兄ちゃんたちに教えてもらって、魚釣りに挑戦。

交流の様子②

「くじ引きで、折り紙のブレスレットをもらってうれしかったです！」

交流の様子③

どんな魚を作るか、相談中です。「この位の大きさでいいかな～」「もっと大きくしようよ」

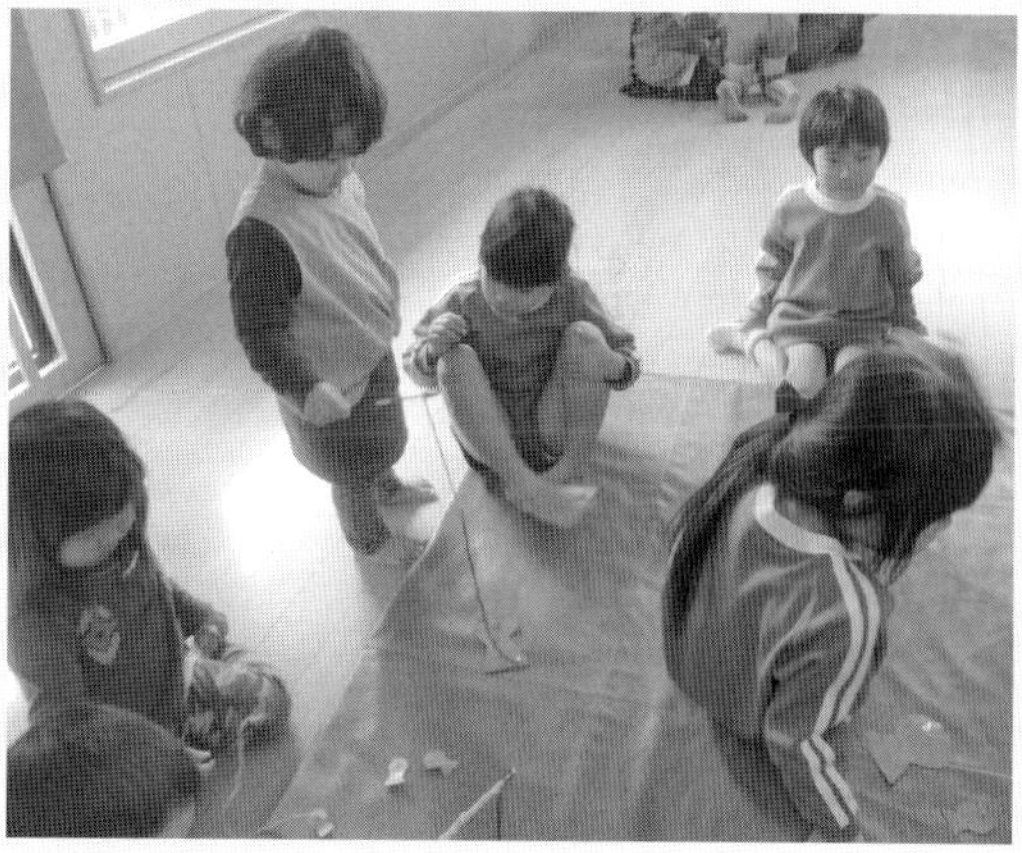

交流の様子④

2 歳児の友だちをご招待。「釣れたね！　ゆっくり上げてみて」

りだけでなく、活動への興味や意欲の高まりにもつながります。日程調整の難しさや、小学校職員の異動により、受け入れ体制や意識が継続しにくいという課題も感じていますが、小学校とのスムーズな接続のため、顔の見える関係づくりを続け相互理解を深めることが重要と感じています。

園長からのひとこと

福岡県北九州市
認定こども園
あけぼの愛育保育園
園長
北野久美

連携担当者の全体研修会や校区別懇談がきっかけとなり、スムーズに交流が図れるようになりました。丁寧な説明で子ども視線でのアドバイスが、年長児の集中力を引き出している展開でした。経験の積み重ねを重視する幼児教育と体系的に学ぶ学校教育のつなぎになったように感じます。これらの経験を今後は職員間の意見交換へと発展させたいと考えています。

♥25宮崎県宮崎市 ひなたほいくえん

保育園での学びをつなぐために

当園は平成29年2月に小学校に隣接する場所に新築移転しました。田んぼや森、大きな史跡公園もあり、四季折々の自然の表情が見られる恵まれた環境にあります。

1 取組の背景

地域に開かれた透明性のある保育園づくりのため、当園を知ってもらうその一歩として公開保育を計画し、隣接する小学校とその校区にある幼稚園・保育園に声をかけました。これを機に当園の保幼小連携への取り組みがスタートしました。

2 取組の内容

【公開保育】「遊びが学び」の保育を伝える

年長児だけでなく、乳児保育から保育士がどう関わり、どういう発達に結びつくか、年齢や発達で室内の環境や保育士の言葉かけがどう変化していくか、などじっくりと見て頂きました。午後の研究討議は、「教えて先生！互いの知りたいを出し合おう」をテーマに、公開保育での気づきや知りたいを出し合う時間としました。

【合同研修会】

呼び捨て・体罰に対する人権意識の共有、発達障がいのある子どもを保幼小で連携して育む特別支援研修などを行いました。

【子ども同士の交流 ①1年生と年長児との交流】

保育士の手遊びで授業がスタートすることで、1年生も年長児も緊張がほぐれ盛り上がります。子どもたちと「どんな所が保育園と違うか、探してみよう」と目的を持って参加をしたので、たくさんの発見があり、保育園での楽しい学校ごっこへと発展しました。

【子ども同士の交流 ②4年生の来園】

小学校4年生が生活科の一環で、年3回保育士体験をしました。小学生とのふれあいは子どもたちにとって、あこがれや喜び、そして学校に対する安心感につながっているようです。また、当園職員が学校へいって、保育士の仕事を話す機会もあり、地域の子どもたちの育ちを連携により支えていくことの大切さも感じられるようになってきました。

3 取組の成果

就学までに、学校に行ったときに困らないようにすること・文字や数などをできるようにしておくこと、45分間座って話を聞けること・・・このような話を聞きます。話を聞くことは大切です。ただ、黙って聞けることを目標とせず、なぜお話を聞かないといけないのか、を考えたり、また聞いたことに対して自分なりに考え、行動する、とい

公開保育

0歳児から5歳児までの実際の保育を見ていただき、遊びの中の学びの様子、主体的な活動のための環境の工夫など、情報共有をしました。

保育士が授業に参加

保育士のやりがいや小学校の時に頑張っていてよかったことを話しました。

1年生との交流

学校の雰囲気を味わい、就学への期待につながっています。

4年生の保育士体験

小さな子どもたちにもわかるような言葉づかいや手作りおもちゃの工夫など、相手の立場になり準備してきた4年生保育士さん。

う経験を重ねておくことが大切であることがわかりました。保育園での積み重ねが学校での学びの姿勢につながってほしい、と願っています。

4 今後に向けて

保幼小連携での情報が毎日の遊びや生活につながっています。「なめらかな接続」という共有の目的をもって、たくさんの情報と課題が得られる関係でありたいと思います。

園長からのひとこと

宮崎県宮崎市 ひなたほいくえん
園長
石本由美子

同じ地域の教職員が一堂に集まり、「子どもを中心に」子どもの生活や学びを理解しあうことで、なめらかな接続に近づいていると実感しています。

♥26宮崎県美郷町　南郷幼稚園

子どもの実態を考慮した交流活動の実践

南郷幼稚園では、幼小中一貫校の特性を生かして、園児と小学生が一緒に活動する交流活動の機会をつくっています。

1 取組の背景

本園は、施設一体型の幼小中一貫校です。山間部に位置していて、のどかな環境に包まれ、子どもの人数も多くありません。園児は、素直で人懐こく人間関係も良好で、遊びなどにおいてもトラブルを避けながら生活しています。しかし、控えめで主張しすぎない面は、将来、大人数の中で生活することになったときに、自分の思いを伝えられないことにもなり得ると予想され、心配される点でもあります。また、本校の近隣には高校がないので、卒業後は親元を離れ、寮等に入って通学することになります。したがって、在園・在学中に自立して生活できる力を養っておくことも大切です。

2 取組の内容

本園には、一貫校の特性を生かして、幼小中が交流しながら取り組む活動（以下、交流活動）があります。この活動が園児の成長につながるよう、意図的・組織的に援助していこうと考えました。そこで、「幼児期の終わりまでに育ってほしい姿」と交流活動との関連を図りながら実践することにしました。

特に、園児の実態を考慮して、②自立心や、⑤社会生活との関わり、⑨言葉による伝え合いなどは、重点的に援助していくよう職員間で共有しています。たとえば、交流活動の一つに「遠足」があります。幼稚園児から小学4年生までが縦割りの班をつくり、ウォークラリーをしたり、お弁当を食べたりします。その中で、園児が意見を述べる場面を設定して、自立心や思いを伝える力を育てていこうとしています。

3 取組の成果

交流活動を通して、小学生と一緒に授業を受けたり体験をしたりすることで、小学校の学習の雰囲気を味わうことができています。さらに、小学校の先生との関わりをもつことで、園児のことを理解してもらう上でも貴重な機会になっています。子どもの交流だけではなく、幼小の職員同士の交流が進み、幼稚園では、何をどこまで身につけておいた方がよいのかという具体的な目安をもちやすくなっています。

4 今後に向けて

それぞれの学年が、活動のねらいを達成できるようにするために、職員が共通理解を図り、

交流活動①　遠足

友だちや身近な人と心を通わせることによって、自分の考えを言葉で伝える態度を養います。

交流活動②　川探検

地域の自然と触れ合うことによって、地域に親しみをもつ心を育みます。

交流活動③　芋の苗植え

身近な環境の中で活動を楽しみながら、自分の力で行うために考えたり、工夫したりする力を育みます。

交流活動④　保育実習

遊びに必要な情報を取り入れることによって、情報を伝え合ったり、活用したりする力を育みます。

協力して援助・支援していく必要があります。また、幼稚園主体の活動を小中学部の先生方に参観してもらう機会を設け、教育活動の出発点であるスタートカリキュラムについての理解を深めてもらい、幼小中の教育的なつながりや一貫性を確かなものにしていきたいと思っています。

園長からのひとこと

幼小中一貫校という恵まれた環境を生かしつつ、子どもたちの成長を援助・支援したいと思っています。

宮崎県美郷町
南郷幼稚園
園長
小野浩司

♥27鹿児島県薩摩川内市 川内すわこども園

連携から接続へ
～「何となく」からの脱却～

子どもたちの「遊び」や「生活」がもつ「教育的価値」を小学校側にどう伝えていくか。子どもの実情や今後の見通しについて、相互理解を深めることが何より大切であると考えています。

1 取組の背景

本園において、小学校接続の重要性を考え始めたのは、今から5年ほど前です。それまでは「何となく小学校と交流している」、「何となく園生活を小学校生活に寄せている」ような、いわば「何となく」の取り組みでした。この「何となく」を生み出しているのは何か？　答えは、「小学校との距離」でした。お互いに、幼児期における保育・教育について理解が十分でないことに気づき、「何となく」からの脱却のために、職員間で進めたものが「子どもの育ち～アプローチカリキュラム～」でした。本園なりに、小学校接続を、「交流」、「連携」、「接続」の3つの視点で考察してみたいと思います。

2 取組の内容

①「交流」

本園においては、これまでもたくさんの交流活動を行っていました。主として行っていたものが「こども園での遊び体験」と「小学校生活体験」です。「こども園での遊び体験」は、近隣小学校の2年生約100名がこども園に来園し、年少から年長の子どもたちと一緒に過ごし、こども園での遊びや生活を体験します。「小学校生活体験」は、逆に年長の子どもたちが毎年3月に小学校へ行って、実際に授業や学活を体験する活動です。

②「連携」

連携として行っているのが、「幼保小連絡会」や「幼保小合同研修会」です。卒園児を対象とした「幼保小連絡会」は、全国どこでも行っていると思いますが、「幼保小合同研修会」は昨年度から始まった、本市教育委員会が主催する新規事業です。市内ほとんどの小学校校長や教頭、１年生担任、また幼保こども園の園長や主幹、年長担任等が一堂に会した研修会で、全体会では、幼保小接続に関するねらいや目的の共有を図るためのセミナーを受け、その後は小学校区別に分かれて分科会を行い、意見交換を行うといった内容の研修会です。

③「接続」

上記の取り組みの結果、昨年重点的に取り組んだことが「子どもの育ちのためのアプローチカリキュラム」です。これまでのアプローチカリキュラムを根本から見直し、「生活」、「関わり」、「学び」の3つの視点から、「子どもの育ち」に焦点を当てたアプローチカリキュラムです。

小学校生活に近づけるためのカリキュラムではなく、子どもたちの普段している遊びや生活が、小学校以降の教育にどうつながっていくか、より具体的に明示してあります。

3 取組の成果

「交流」の視点では、定期的に小学校を訪問したり、小学生と交流する機会を設けたりすることは、子どもがみずから成長していくイメージをもつ貴重な体験となります。「連携」の部分では、より相互理解が進んだように思います。改めて大切なことは、お互いがもつ教育的価値を相互に認識しあうことだと思います。「接続」の部分では、これまでの計画ありきの保育ではなく、より子どもの育ちを意識してカリキュラムを編成し、保育教諭間で対話しながら保育するようになったと感じています。

4 今後に向けて

今から3年ほど前に近くの小学校に行って、直接校長先生に「今後参考にしたいのでスタートカリキュラムを見せてもらえますか?」、と聞いたことがあります。残念ながら「本校はまだ取り組んでいません」との回答でした。今考えれば大変失礼な話かと思いますが、小学校の意識は正直言ってまだその程度だと思います。それは小学校側が悪いのではなく、幼児期の教育を担う私たちが、園での「遊び」や「生活」のもつ教育的な価値を積極的に発信してこなかったことに原因があると思います。

「子どもの育ち」を一緒に考えていくために、小学校の「スタートカリキュラム」とこども園の「アプローチカリキュラム」を互いに持ち寄って研修したり、「小学校学習指導要領」や「認定こども園教育・保育要領」を互いに読み合い、保育・教育について相互理解を深めていきたいと思います。

小学校生活体験の様子

「交流」の取組。年長の子どもたちが学校生活（授業の一部）を体験します。実際に小学校生活を体験することによって、子ども自ら見通しをもって、小学校入学後の具体的な生活をイメージすることができ、小学校生活への期待感を育みます。

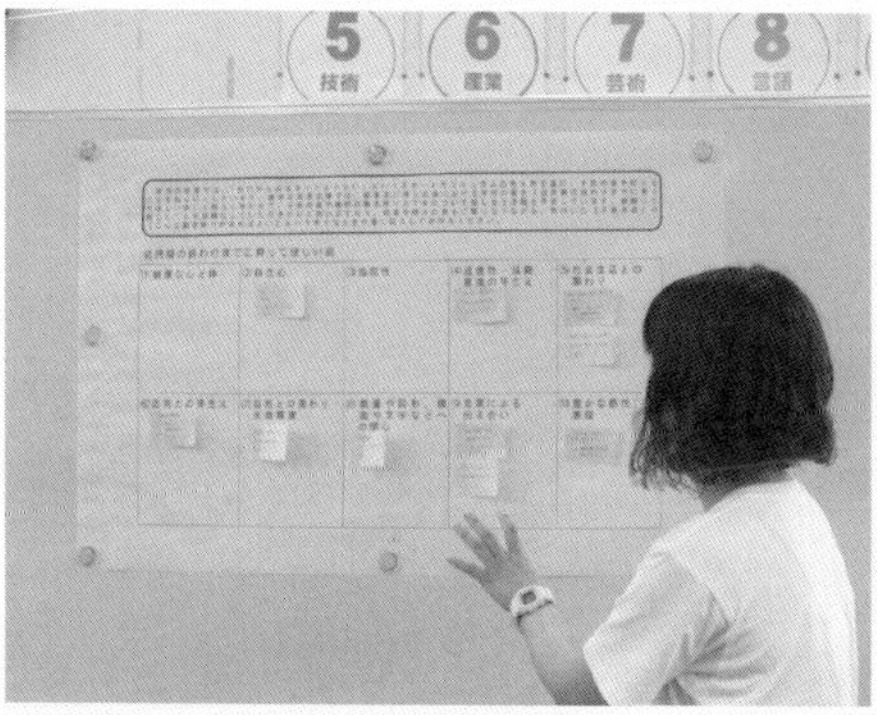

カリキュラム編成の様子

「接続」の取組。相互の意見交換をもとに園に持ち帰り、「子どもの育ち～アプローチカリキュラム～」を編成します。遊びや生活を通して、幼児期に育まれた力が小学校教育にどのようにつながっているのか、相互の関係者がイメージを共有していくことが大切だと考えています。

園長からのひとこと

私たちの保育は“小学校の下請け”ではありません。幼児期の子どもたちの「遊び」や「生活」にはどんな意味があるのか、これからも積極的に発信していきたいと思います。

元 鹿児島県薩摩川内市川内すわこども園園長（現 川内すわこども園 SECOND）
帯田英児

♥28沖縄県八重瀬町立東風平幼稚園

保幼小連携プロジェクトはじめの一歩

八重瀬町では保・幼・小が合同で「カリキュラムの接続」についての研修を通して相互理解を深め、幼児期から児童期への子どもの発達や学びの連続性を確保し、質を高めていくための取り組みを始めました。

1 取組の背景

保幼小連携プロジェクトが始まる前の本町は、各園、各小学校がそれぞれで取組を展開していたため、相互の連携に課題がありました。それは公立幼稚園相互の関わりや、私立保育園相互、あるいは幼稚園と保育園の関わりにおいても同様でした。

そこで、令和2年度から「保幼の育ちを小学校へつなげよう」と町内の小学校、幼稚園、保育園が協働したプロジェクトを立ち上げました。

2 取組の内容

本プロジェクトでは、幼稚園、保育園のアプローチカリキュラムの作成・見直し、小学校のスタートカリキュラムの作成・見直しを柱として保幼小が協働して取り組みます。町教育委員会、町児童家庭課、各小学校、各幼稚園、各保育園が協働で取り組む本町でははじめての試みです。

各小学校、幼稚園、保育園ではそれぞれ、スタートカリキュラムやアプローチカリキュラムを作成していたものの、実践や内容に課題がありました。そこでそれぞれの実践を互いに見合い、意見交換をする場を設定しました。その意見交換の場では、有識者を招聘し、指導・助言を頂きながらカリキュラムの改善を図ってきました。

3 取組の成果

まず、18か所の幼稚園、保育園が、「なぜアプローチカリキュラムが必要なのか」「何のためのアプローチカリキュラムなのか」を共有し、具体的な園児の姿で3つの柱を決め、カリキュラムを作成し直しました。

小学校においては、4校で先進地区の事例を参考に、「何のためのスタートカリキュラムなのか」を共有し、幼稚園、保育園の育ちを生かしスタートカリキュラムの見直しを図り実践することができました。

何よりも大きな成果は、町内の小学校、幼稚園、保育園の関係者が一堂に会し、有識者を招聘し学び合えたということが大きな一歩だと思います。ややもすると経験知のみに偏って進めがちな実践を、専門的な示唆を頂き、そして保幼小の職員が互いの立場から意見を出し合い、それぞれのカリキュラム改善に向かえたことが大きな成果です。

4 今後に向けて

今年度、コロナ禍の中でありながら、町内の小学校、幼稚園、保育園が協働しプロジェクトを進めることができました。次年度も引き続き琉球大学の先生の指導・助言を頂きながら、小学校の校区単位で実践を見せ合い、作成したアプローチカリキュラムとスタートカリキュラムの見直しを行う予定です。

園長からのひとこと

沖縄県八重瀬町立
東風平幼稚園長・
東風平小学校長
與儀 毅

保幼小が互いの違いを理解しつつ、育む子どもの姿を共有し、実践することや、専門的な助言が頂ける方や全体をコーディネートする方の存在がとても重要です。

幼稚園「アイス屋さんごっこ」

子どもたち同士が相談することで、協調性や言葉で伝え合う力を育みます。

講師を招聘しての保幼小連携研修

講師を招聘して保幼小連携研修を行うことで、保幼小の職員が学び合い、互いの差異や特性を知る機会としています。

幼稚園　ドキュメンテーション

保育ドキュメンテーションにより、子ども自身が活動を振り返り、次の遊びへ生かす力を育みます。

1年生　生活科　学校探検

友だち同士で学校の不思議を発見する活動によって、「もっと知りたい」というワクワク感を育みます。

実践事例提供（掲載順）

●教育委員会

北海道教育委員会
岩手県立総合教育センター
秋田県教育委員会
埼玉県草加市教育委員会
神奈川県相模原市教育委員会・
　こども若者未来局保育課
滋賀県大津市教育委員会
鳥取県教育委員会
高知県教育委員会
熊本県教育委員会
大分県教育委員会
沖縄県教育委員会

●幼稚園・保育所・認定こども園

さゆりこども園
ちどり保育園
府馬保育園
秦野市立みどりこども園
津幡町立つばた幼稚園
敦賀市立敦賀北幼稚園
聖心保育園
知多市立梅が丘幼稚園
東近江市立さくらんぼ幼児園
彦根市立稲枝東幼稚園
彦根市立金城幼稚園
彦根市立城北幼稚園
今里こども園
神戸市立兵庫くすのき幼稚園
岡山大学教育学部附属幼稚園
下関市立小月幼稚園
浦庄幼稚園
明神幼稚園
丸亀市立郡家こども園
田野町立田野幼稚園
江ノ口保育園
福津市立神興幼稚園
さいとみんなの家
認定こども園あけぼの愛育保育園
ひなたほいくえん
南郷幼稚園
川内すわこども園
八重瀬町立東風平幼稚園

＊所属等は、刊行時のものです。

監修者、執筆者、編集委員紹介

●監修者

湯川秀樹《ゆかわひでき》

「はじめに」を執筆
青山学院大学 コミュニティ人間科学科 教授／元 文部科学省 初等中等教育局 視学官
『教育原理（乳幼児教育・保育シリーズ）』（編著・光生館・2020 年）
『保育内容総論 第四版（保育・教育ネオシリーズ）』（監修・同文書院・2019 年）

山下文一《やましたふみひと》

「接続はどこまで進んだか、これまでの取組を振り返る」（第２章）を執筆
高知学園短期大学 副学長・教授
『保育・幼児教育・子ども家庭福祉辞典』（編集・ミネルヴァ書房・2021 年）
『事例で学ぶ「要録」の書き方ガイド　幼稚園、保育所、認定こども園対応』（共著・中央法規出版・2019 年）

●執筆者・編集委員

鈴木《すずき》みゆき

「架け橋を創る」（第１章）を執筆
國學院大學 子ども支援学科 教授
『保育内容 表現（乳幼児教育・保育シリーズ）』（編著・光生館・2018 年）
『専門職としての保育者　保育者の力量形成に視点をあてて』（編著・光生館・2016 年）

島倉千絵《しまくらちえ》

「『幼保小の架け橋プログラム』の実施に向けて」（第１章）を執筆
品川区立第一日野幼稚園 副園長／元 内閣府 子ども・子育て本部 教育・保育専門職

新山裕之《あらやまひろゆき》

「保育者と小学校教員の交流、幼児と児童の交流」（第２章）を執筆
港区立青南幼稚園 園長

桶田《おけだ》ゆかり

「５歳児終わりの教育課程」（第２章）を執筆
十文字学園女子大学 幼児教育学科 教授
『「共創の時代」の教育制度論　幼児教育・保育から生涯学習まで』（共著・2021 年・学文社）

嶋田弘之《しまだひろゆき》

「小学校スタートカリキュラム」（第２章）、「埼玉県草加市教育委員会」の事例（第３章）を執筆
草加市立長栄小学校 校長

川越裕子《かわごえゆうこ》

「９年間を見通した接続カリキュラム」（第２章）を執筆
中央区立久松幼稚園 園長

小野内雄三《おのうちゆうぞう》

「９年間を見通した接続カリキュラム」（第２章）のうち「月島第三小学校」の事例を執筆
中央区立月島第三小学校 校長

北野久美《きたのくみ》

「認定こども園あけぼの愛育保育園」の事例（第３章）を執筆
北九州市保育士会 会長／認定こども園あけぼの愛育保育園 園長

箕輪恵美《みのわえみ》

中央区立有馬幼稚園 園長
全国国公立幼稚園・こども園長会 会長

鎮目健太《しずめけんた》

厚生労働省 子ども家庭局 保育指導専門官

高辻千恵《たかつじちえ》

厚生労働省 子ども家庭局 保育指導専門官
『保育の計画と評価（新 保育ライブラリ）』（分担執筆・北大路書房・2021 年）
『家庭支援論（新・プリマーズ 保育／福祉）』（編著・ミネルヴァ書房・2016 年）

幼児期の教育と小学校教育をつなぐ
幼保小の「架け橋プログラム」実践のためのガイド

2023年3月20日　初版第1刷発行　〈検印省略〉
2024年7月20日　初版第2刷発行

定価はカバーに
表示しています

監修者　湯川秀樹
　　　　山下文一
発行者　杉田啓三
印刷者　森元勝夫

発行所　株式会社　ミネルヴァ書房
607-8494　京都市山科区日ノ岡堤谷町1
電話代表（075）581-5191
振替口座　01020-0-8076

モリモト印刷

ISBN978-4-623-09561-2

Printed in Japan